CUADERNOS AMERICANOS
NUEVA ÉPOCA

UNIVERSIDAD NACIONAL AUTÓNOMA DE MÉXICO

CUADERNOS
DE CUADERNOS

11

BENITO JUÁREZ
EN AMÉRICA LATINA Y EL CARIBE

ADALBERTO SANTANA
Y SERGIO GUERRA VILABOY

COMPILADORES

UNIVERSIDAD NACIONAL AUTÓNOMA DE MÉXICO
CENTRO COORDINADOR Y DIFUSOR DE ESTUDIOS LATINOAMERICANOS

México 2006

CUADERNOS DE CUADERNOS
NÚM. 11, 2006

Primera edición: 2006

DR© Universidad Nacional Autónoma de México
    Centro Coordinador y Difusor de Estudios Latinoamericanos
    Ciudad Universitaria, 04510, México, D.F.
ISBN 970-32-4245-6 (Colección Cuadernos de Cuadernos)
ISBN 970-32-4246-4 (obra)

Impreso y hecho en México

ÍNDICE

Presentación

L A COLECCIÓN *Cuadernos de Cuadernos* se inició en el año de 1991 y llega, con la presente obra, a la publicación de once trabajos. Con la edición de *Benito Juárez en América Latina y el Caribe*, compilada por Adalberto Santana (investigador del Centro Coordinador y Difusor de Estudios Latinoamericanos de la UNAM y editor académico de la revista *Cuadernos Americanos*) y Sergio Guerra Vilaboy (profesor y jefe del Departamento de Historia de la Universidad de La Habana), se tuvo la idea y el propósito de sumarse al Homenaje Nacional que en el año de 2006 se realizó para conmemorar el Bicentenario de don Benito Juárez. Merecido reconocimiento a un estadista de talla internacional que se proyectó en todo el continente americano como político, jurista, gobernante, patriota; sus ideas y sus principios de respeto al derecho ajeno, la autodeterminación de los pueblos y la no intervención, son tan actuales y válidos como en los orígenes. Esta obra brinda una visión desde la historia y la política latinoamericana, del significado de la vida y la obra de ese gran prócer latinoamericano. Así, en este libro se destaca la presencia e influencia que mostró la lucha del mismo presidente Juárez en diversos países y pueblos de la región. De igual manera, se muestra el aporte que diversos actores y pueblos latinoamericanos y caribeños brindaron a las luchas que el juarismo emprendió desde México en defensa de la soberanía nacional. Legado por el cual al presidente mexicano se le reconoce como el Benemérito de las Américas.

Estela Morales
Cuadernos Americanos
Directora Académica

Introducción

Por *Adalberto* SANTANA
y *Sergio* GUERRA VILABOY

EL LIBRO QUE PRESENTAMOS A LOS LECTORES es fruto del reconocimiento y homenaje que un grupo de académicos e intelectuales latinoamericanos rinde a la obra de don Benito Juárez en el bicentenario de su natalicio. El gran estadista mexicano enriqueció y desarrolló el pensamiento político de Nuestra América en el siglo XIX y continúa haciéndolo en nuestros días. Con sus principios y su enhiesta resistencia frente a la intervención francesa se convirtió en símbolo de la defensa de la soberanía nacional, paradigma que sigue vigente en la época en que una sola potencia trata de imponer su hegemonía en todo el orbe y la defensa de la libre determinación nacional adquiere un carácter más profundo.

En el marco de la actual situación mundial, el ideario juarista se fortalece con la norma pronunciada el 15 de julio de 1867: "Entre los individuos, como entre las naciones, el respeto al derecho ajeno es la paz". Este pensamiento de validez universal cobra cada vez un mayor significado. Por ello, en el 2006, el bicentenario del natalicio de don Benito Juárez es un referente imprescindible,[1] especialmente cuando vivimos un momento político en el que América Latina y el Caribe han logrado entrar a la nueva centuria sin el peso de los viejos sistemas oligárquico-militares que orientaban el rumbo de la mayoría de nuestras naciones en alianza con las grandes potencias del mundo. En la primera década del siglo XXI, con un escenario signado por una mayor autonomía política e ideológica en relación con los grandes centros del poder mundial, en Nuestra América ya no se han producido, como en los siglos XIX y XX, reiteradas intervenciones militares foráneas. O bien, ya no predominan los caprichos de las dictaduras militares y de gobiernos dóciles y serviles ante los intereses extranjeros. Por el contrario, en este siglo XXI la mayo-

---

[1] Cabe destacar que el 30 de diciembre del 2005 el gobierno cubano instaló la Comisión Nacional Conmemorativa del Bicentenario del Natalicio de Benito Juárez, encargada de celebrar una serie de actividades durante todo el año 2006. Resolución que fue publicada en la *Gaceta Oficial* de la República de Cuba. Asimismo, en este año se celebró el inicio de la lucha por la independencia, conmemorando la gesta que doscientos años antes inició Francisco de Miranda por la emancipación de América, por lo que en la República Bolivariana de Venezuela el 2006 adquiere una importancia fundamental.

ría de los países latinoamericanos muestra nuevas y mejores perspectivas de desarrollo político. Situación que parece ir más allá de lo coyuntural y efímero para mostrar los profundos cambios ocurridos apoyados en un torrente social de gran fuerza.

Estamos en los umbrales de una nueva etapa de grandes apuntalamientos y reformas sociales, semejante a la que Benito Juárez, con gran visión de estadista, impulsó en su lucha por la modernización del México de mediados del siglo XIX. Hoy, esas reformas se expresan en la profundización de la democracia con un claro sentido participativo, en la recuperación de los recursos naturales para el interés del conjunto de las naciones latinoamericanas, como la nacionalización de los hidrocarburos en Bolivia, el apuntalamiento del Mercado Común del Sur (MERCOSUR) o en la Alternativa Bolivariana para las Américas (ALBA). Estas expresiones, junto a otras iniciativas regionales, manifiestan mayores expectativas para el desarrollo integracionista en el conjunto de la región. El paradigma juarista en esta fase de la historia política latinoamericana recobra dimensión y sentido, por ello, con motivo de las celebraciones por el segundo centenario de su nacimiento, este grupo de autores latinoamericanos decidió sumarse al homenaje con las aportaciones que siguen, en las que se valora en forma multifacética la importancia histórica del Benemérito de las Américas.

El presente volumen pone especial relieve en los cercanos vínculos establecidos entre el presidente Juárez y los pueblos de Nuestra América, como el guatemalteco, el cubano, el colombiano, el dominicano y el chileno, entre otros. Fraternidad que se estrecha por la participación de reconocidos patriotas latinoamericanos en las luchas de liberación desarrolladas en México en los tiempos de Juárez o bien la de mexicanos juaristas en otros escenarios latinoamericanos. Sin duda, coincidimos plenamente con las ideas que sobre Juárez escribió don Jesús Silva Herzog: "se trata del hombre más grande de México junto con José María Morelos y de uno de los próceres de mayor estatura continental. Nosotros nos inclinamos respetuosos ante su memoria".[2]

El interés de los latinoamericanos por Benito Juárez se originó entre sus propios contemporáneos. En la revolución de Ayutla, y las posteriores transformaciones anticlericales de corte antifeudal, así como en la propia Guerra de Reforma, al lado de la generación liberal mexicana que la protagonizó, se encontraba un aguerrido grupo de jóvenes cubanos,

---

[2] Jésus Silva Herzog, "Una semblanza de Benito Juárez", *Cuadernos Americanos* (México), núm. 6 (noviembre-diciembre de 1965), p. 188.

muchos de los cuales se distinguieron en la lucha contra los conservadores. Lo mismo ocurriría después, en la cruenta contienda contra los ocupantes franceses, en la que al lado de los patriotas mexicanos también se distinguió una pléyade de militares antillanos algunos de los cuales intervendrían después de manera destacada en la guerra por la independencia de Cuba, teniendo como paradigma la victoria mexicana ocurrida sólo un año antes de iniciada ésta. A la de los militares antillanos hay que sumar la histórica hazaña del general José María Melo, ex presidente de Colombia, quien murió luchando por la causa juarista en el estado de Chiapas.

Después permaneció escasos dos meses en Guatemala, donde se enemistó con el dictador Rafael Carrera, razón por la cual decidió pasar a México con su hijo Máximo. Parece que esto sucedió hacia el 10 de octubre de 1859. Lo cierto es que el 12 de marzo de 1860, el periódico liberal de Tuxtla Gutiérrez [Chiapas], *La Bandera Constitucional*, lo saludó con gran despliegue en primera plana. Melo acababa de ofrecer su experiencia militar al gobernador Ángel Albino Corzo, uno de los pocos que entonces permanecía fiel al presidente Benito Juárez, refugiado en Veracruz. El día 2, Corzo le había pedido a Juárez la incorporación de Melo al ejército liberal, petición aceptada a pesar de que Juárez no simpatizaba con la ayuda extranjera: es posible que Melo haya sido el único general extranjero que defendió con las armas las leyes de [la] reforma liberal impulsada por Juárez. En su condición de encargado de defender la frontera de México con Guatemala, Melo organizó un destacamento de caballería, de algo más de cien jinetes, y desde Comitán dispuso la defensa de Chiapas ante las incursiones de los conservadores que, desde el país vecino, llevaban a cabo operaciones tácticas bajo las órdenes del general mexicano Juan A. Ortega. En la madrugada del 1º de junio de 1860, el pequeño destacamento melista ocupaba el casco de la ex hacienda de Juncaná, Zapaluta, hoy La Trinitaria, a 22 kilómetros de Comitán, cuando fue sorprendido por descargas de fusilería. A Melo, herido, al igual que a cuatro de sus compañeros, se les fusiló sin fórmula alguna, porque había orden expresa de Ortega para matarlo. En las bolsas del general se encontró un mísero botín: un reloj, una cartera con cuatro pesos de plata y unas cartas. El cadáver permaneció cierto tiempo a la intemperie, hasta que los indios tojolabales, habitantes de Juncaná, lo enterraron frente a la capillita del lugar.[3]

El rescate de la lucha juarista y la solidaridad hacia ella son destacadas en su tiempo tanto por el Congreso colombiano como por el dominicano y por intelectuales de la talla de Antonio Delfín Madrigal y los chilenos Francisco Bilbao[4] y José Victorino Lastarria. Este último como repre-

---

[3] Biografía de José María Melo, elaborada por Gustavo Vargas Martínez, en *Gran Enciclopedia de Colombia*, DE: <http://www.lablaa.org/blaavirtual/biografias/melojose.htm>, véase, también, Sergio Guerra Vilaboy, *Los artesanos en la revolución latinoamericana, Colombia 1849-1854*, La Habana, Pueblo y Educación, 1991.

sentante de su país en Brasil impugnó la intervención francesa, al relatar que:

Los representantes de Perú, Chile, Argentina y Uruguay se negaron constantemente a reconocer como ministro de México al señor Escandón, a pesar de las vivas instancias que Pedro II les hacía para ello. Frecuentemente hubieron de negarle hasta el saludo, y un día de besamanos el célebre poeta Mármol, ministro de Argentina, se negó a darle la mano y a contestar a lo que el señor Escandón le decía. Parece que esta actitud colectiva preocupaba mucho al emperador, quien hizo gestiones formales para que Chile reconociera el imperio de Maximiliano. La más rotunda negativa acogió siempre estas propuestas, y la población liberal de Río de Janeiro manifestaba de cuantas maneras podía su desagrado por la presencia del proimperialista mexicano en el Brasil.[5]

También el panameño Justo Arosemena destaca por la solidaridad con la causa juarista. En el "Congreso de Lima, desarrollado entre 1864-1865, que puede considerarse como el último gran congreso hispanoamericano"[6] —de acuerdo con Nils Castro—, "Arosemena se opuso resueltamente a la participación en el Congreso de Representantes de Estados Unidos, del México imperial y del Santo Domingo anexado".[7] Incluso, se reconoce lo hecho en Ecuador donde "gobernaba despóticamente el controvertido Gabriel García Moreno, defensor de los jesuitas e impugnador de la expansión yanqui, quien, no obstante, suspendió las relaciones con México bajo Maximiliano y no las restableció con Juárez por suspicacias e incompatibilidades ideológicas".[8] Asimismo, en 1863, "en plena guerra contra la intervención francesa, Juárez se puso del lado del pueblo colombiano al oponerse a los intentos injerencistas de Estados Unidos, Francia y Gran Bretaña en Panamá, país que por entonces formaba parte de la república de Colombia".[9] O bien más tarde, en los inicios de la década del setenta, cuando decididamente apoyó a los liberales guatemaltecos al "abrir las puertas a quienes en Centroamérica se enfrentaban a las fuer-

---

[4] En 1862 Bilbao escribe *La América en peligro* donde pone de manifiesto su solidaridad con la lucha que encabeza el presidente Benito Juárez. *Cf.* Francisco Bilbao, *El Evangelio americano*, Alejandro Witker, sel., pról. y bibliografía, Caracas, Biblioteca Ayacucho, 1988.

[5] Salvador E. Morales Pérez, "Repique y secuelas: Latinoamérica y la intervención francesa en México", en Patricia Galeana, comp., *La definición de Estado mexicano 1857-1967*, México, AGN, 1999, p. 640.

[6] Sergio Guerra Vilaboy y Alejo Maldonado Gallardo, *Laberintos de la integración latinoamericana: historia, mito y realidad de una utopía*, Morelia, Universidad Michoacana de San Nicolás de Hidalgo, 2002, p. 80.

[7] Morales Pérez, "Repique y secuelas" [n. 5], p. 645.

[8] *Ibid.*, p. 640.

[9] Luis Ángel Argüelles, *Temas cubanomexicanos*, México, UNAM, 1989, p. 20.

zas conservadoras, entre ellos se encontraba el guatemalteco Justo Rufino Barrios, representante en su país de la Reforma Liberal".[10]

De tal forma que, en todo este escenario latinoamericano, al hacer un balance de las relaciones exteriores de México una vez derrotado el intervencionismo francés, el propio Juárez llegó a reconocer, con clara visión latinoamericanista, el valor de los pueblos de la región así como de algunos de sus gobernantes. A decir del mismo Benemérito:

> El intento de la intervención monárquica europea hizo que sólo conservase México buenas relaciones de amistad con las repúblicas americanas, por la identidad de los mismos principios e instituciones democráticas. Durante nuestra lucha, aquellas repúblicas demostraron sus simpatías por la causa de la independencia y de la libertad de México. Los pueblos y los gobiernos de algunas repúblicas sudamericanas hicieron demostraciones especiales, por los defensores de la causa de México, y por su gobierno. Recientemente ha venido un enviado de Bolivia, en misión especial, para presentar a la República cordiales felicitaciones por su triunfo.[11]

En ese contexto de solidaridad latinoamericana ante los enfrentamientos armados contra los conservadores y las fuerzas intervencionistas francesas en México se comprende por qué sobresalieron varios latinoamericanos en defensa de la república liberal, entre ellos decenas de cubanos. Quizá la contribución más significativa provino de los hermanos Rafael y Manuel de Quesada y Loynaz; una vez desatada la guerra de independencia en la Isla, Carlos Manuel de Céspedes nombró a Manuel de Quesada y Loynaz general en jefe del Ejército Libertador. En México durante la Guerra de Reforma los hermanos Quesada sobresalieron al frente de un cuerpo que fue conocido como los "Lanceros de Quesada", creado por el propio Manuel, quien ostentó por sus méritos el grado de general de brigada. Junto a su hermano Rafael, que llegó a coronel del ejército mexicano, participó en el sitio de Puebla y en otras acciones bélicas contra los ocupantes franceses. Todo ello explica que la lucha de los mexicanos por preservar su independencia sirviera de acicate y modelo a los independentistas cubanos y se convirtiera en fuente de inspiración.

En México, los patriotas latinoamericanos encontraron una favorable situación política propiciada por la consolidación de la reforma liberal juarista tras la derrota del efímero imperio de Maximiliano en 1867. Uno de ellos fue José Martí llegado, sólo tres años después del fallecimiento del Benemérito, a un México que consideraba había surgido de la som-

---

[10] *Ibid.*, véase también la obra de Jorge Mario García Laguardia, *La reforma liberal en Guatemala*, México, UNAM, 1980.

[11] Morales Pérez, "Repique y secuelas" [n. 5], p. 641.

bra en 1857 con toda la fatiga y la gloria de la libertad y en el cual cultivó la amistad de varios connotados liberales juaristas y publicó sus primeros trabajos importantes en la prensa.[12]

La figura de don Benito Juárez en el bicentenario de su natalicio y la devoción que él mostró en la defensa de México implicaba a la vez "asegurar la independencia y [la] respetabilidad de las repúblicas hermanas", como afirmó el 31 de mayo de 1862, es lo que inspira en gran medida a los autores de este volumen. Los trabajos que integran esta obra ofrecen en sus páginas, animadas por el profundo respeto, la admiración y el cariño que sentimos por don Benito Juárez, una lectura del héroe como figura excepcional en la historia latinoamericana, que sin lugar a dudas sigue formando parte del imaginario emancipador de los pueblos de este continente.

Por último, queremos dejar constancia de nuestro agradecimiento a Diana Rodríguez Perdomo y a Heriberto Paredes Coronel por su valiosa colaboración en la compilación de estos trabajos.

Ciudad de México, 9 de octubre del 2006

---

[12] *Cf.* el trabajo de José Martí, *El día de Juárez*, edición crítica de Pedro Pablo Rodríguez, La Habana, Centro de Estudios Martianos, 2006. En dicho ensayo Rodríguez nos brinda un recorrido por las diversas referencias martianas a Benito Juárez.

Juárez: juridicidad y política culta

Por *Armando* HART DÁVALOS

HACE DOS SIGLOS, el 21 de marzo de 1806, nació en Oaxaca Benito Juárez, quien con el decursar del tiempo se ganaría con justeza el calificativo de Benemérito de las Américas. En el bicentenario las enseñanzas del ilustre mexicano, piedra angular de "nuestro pequeño género humano", como nos caracterizó Simón Bolívar, se hacen más necesarias y posibles que nunca, pues son parte sustantiva de la memoria histórica del Nuevo Mundo. Ellas constituyen no sólo un patrimonio mexicano, sino de todo el hemisferio y de la Humanidad.

En el conjunto de su obra han transcendido su enorme capacidad para hacer política y su alta sensibilidad jurídica. Ambas virtudes nacen de una sólida cultura que se forjó en este lado del mundo y que llevó al prócer y pensador a proclamar que "el respeto al derecho ajeno es la paz" y lo condujo, por esta vía, a luchar hasta las últimas consecuencias a favor de la solidaridad nacional e internacional y en defensa de la soberanía de su país.

La gravedad de la crisis por la que atraviesa a escala mundial el modelo de la llamada democracia representativa confirma con nitidez la necesidad de rescatar la memoria histórica y situar en su justo valor el pensamiento liberal latinoamericano, bien distinto al de Europa y Estados Unidos, y que figuras como Benito Juárez representan. Su pensamiento puede orientarnos para poner en claro cómo y por qué el ideario socialista forjado en la América Latina del siglo XX se articuló con las raíces culturales de nuestras naciones. Al estudiar el legado juarista encontramos una fuente imprescindible para el pensamiento democrático del siglo XXI. De manera especial, cuando rechaza la intromisión de las potencias extranjeras en nuestras tierras y defiende el principio de soberanía nacional. El 11 de enero de 1861, cuando entró victorioso a la Ciudad de México, escribió palabras que hoy mueven a la reflexión: "A cada cual, según su capacidad y a cada capacidad según sus obras y su educación. Así no habrá clases privilegiadas ni preferencias injustas [...] Socialismo es la tendencia natural a mejorar la condición o el libre desarrollo de las facultades físicas y morales".[1]

---

[1] Citado por José A. Benítez, "La intransigencia y el radicalismo de Benito Juárez", *Granma* (La Habana), 2-VIII-1982, p. 2.

El carácter revolucionario de las leyes de Reforma se fundamentó en postulados básicos del socialismo utópico que Juárez, con su vasta cultura, conoció a través de las obras de Saint Simon, Fourier y Owen que criticaban la cruda desigualdad imperante en el viejo continente. En Juárez está presente la necesidad de la política vinculada a la cultura, cuestión que muchas veces se soslaya y que luego, en el siglo xx, tuvo graves consecuencias para la izquierda. El prócer, además, concedió gran importancia a la juridicidad, como un elemento indispensable para avanzar revolucionariamente, y a la educación como factor de crecimiento espiritual. La relación orgánica entre educación, política, cultura y juridicidad constituye una de las mayores necesidades que tiene hoy la Humanidad y, en particular, los que aspiramos a un mundo mejor. Es imprescindible extraer nuevas enseñanzas de algo que tiene antiguas raíces.

Dos principios tiene la política culta; un principio radical en defensa de todos los hombres y mujeres del mundo, sin excepción, y, en segundo término, la exigencia de la armonía para alcanzar este objetivo. Radicalidad y armonía forman parte de la herencia que nos dejó Juárez. Cuando sus virtudes y enseñanzas nos están mostrando con fuerza creciente a los hijos del Nuevo Mundo cuál es el camino posible y más seguro de nuestra América y del llamado Occidente en el siglo que comienza, hay que analizar las virtudes de quien fue uno de los grandes fundadores de nuestra América:

—Primero, su defensa de los principios de solidaridad nacional y, por tanto, su disposición a realizar cualquier sacrificio, hasta a dar la vida misma, por promover acciones contra los intervencionistas intrusos de cualquier poder extranjero que nos amenace o nos quiera agredir.

—Segundo, su decisión consecuente e irrevocable de asumir estas responsabilidades, es decir, a favor de la independencia nacional de nuestros pueblos, procurando la unidad con un pensamiento consecuente.

—Tercero, su exaltación de la importancia de la cultura jurídica para alcanzar la independencia. Invito a los juristas cubanos a organizar un homenaje especial por las enseñanzas de este maestro. Quizás sea una de las mayores responsabilidades que tenemos hoy con Juárez.

—Cuarto, sus profundas convicciones éticas de raíz cristiana y que no puso en antagonismo con la seguridad de combatir al clero reaccionario. Su anticlericalismo de origen cristiano se refería a luchar contra los que venían tergiversando los hechos y sentimientos de quien proclamó "amaos los unos a los otros" y llamó a la solidaridad y cooperación entre los hombres, es decir, Jesús Nazareno.

—Quinto, su oficio de político exaltando los altos valores que encierra esta profesión cuando se lleva con consecuencia y amor. La civilización clasista viene desprestigiándola y Juárez la rehabilitó con su quehacer político cotidiano. Es una de las grandes necesidades jurídicas que tiene hoy América.

La forma de hacer política de las llamadas civilizaciones clasistas, es decir, europeo-norteamericana, fue explicada con profundidad por Nicolás Maquiavelo. Su mérito consistió en haber expresado cómo se hace la política en los tiempos del ascenso del capitalismo. La divisa era "divide y vencerás", de vieja tradición romana. Lo interesante hoy es que dividir para vencer no es una política que esté resultando útil ni siquiera para objetivos conservadores. Ha caducado como forma de hacer política, se impone una política moderna basada en unir para vencer sobre bases de principios éticos y de una elevada cultura.

No perdamos la honrosa y la hermosa posibilidad de ayudar a la integración de nuestra América, e incluso de enviar un mensaje a la sociedad y al pueblo norteamericanos para salvar al mundo de la hecatombe. Vamos a resumirlo con un pensamiento juarista: "En los individuos como en los pueblos el respeto al derecho ajeno es la paz". Exaltemos todo esto en nuestros países y digámoslo así a todos y cada uno de los políticos inteligentes de nuestra América porque es la única fórmula práctica y posible en el mundo de hoy. La vida ejemplar de Benito Juárez nos lo confirma.

La celebración del bicentenario de Benito Juárez por parte del pueblo de Cuba es una muestra del respeto, la admiración y el reconocimiento a quien fuera prócer insigne y defensor irreductible de la soberanía y la independencia de México, autor de las importantes reformas civiles que transformaron a aquella sociedad en su momento y que influyeron notablemente en los destinos de las naciones de América Latina y el Caribe.

Al reconocérsele como Benemérito de las Américas, su figura rebasa las fronteras nacionales y se proyecta hacia el continente y hacia el mundo, no sólo por su acción patriótica sino por su inestimable contribución al pensamiento jurídico y al ordenamiento legal: Juárez fue un hombre de leyes y un hombre de derecho, por encima de cualquier otra consideración.

El estudio del pensamiento de Juárez nos sirve para encontrar las categorías esenciales que necesita cualquier programa político social de fundamentos filosóficos. Es necesario, por tanto, articular los fundamentos de la cultura, cuya primera categoría es la justicia, en tanto es —como nos lo enseñó Luz y Caballero— "ese sol del mundo moral" y también un concepto muy bien definido por Martí cuando afirmó: "Existe en el hombre la fuerza de lo justo y éste es el primer estado del Derecho". Y desde luego, hay que fomentar la solidaridad como principio que nos lleva a unirnos con todos los hombres de la tierra para defender las más nobles y auténticas aspiraciones de libertad, igualdad y fraternidad, ignoradas y pisoteadas por el régimen que pretende ejercer en estos momentos la hegemonía global.

En este camino, Benito Juárez debe estimularnos para iluminar el futuro de la Humanidad como lo hacen también Bolívar, Martí y todos los fundadores y forjadores de nuestra América.

Bolívar, Martí y Juárez

Por *Jorge* TURNER

*Tres pilares para profundizar
en la independencia de América Latina*

POR LO MISMO DE LAS DOLOROSAS HISTORIAS de los países latinoamericanos la región ha engendrado, en todas las épocas, grandes y abnegados luchadores por la justicia y la libertad. Los ha habido con propuestas de alcance diferente y en ámbitos de distinta proporción. Son tantos que, por más esfuerzo que se haga, a muchos de ellos ya no podremos rescatarlos del olvido e insertarlos en la memoria colectiva del presente.

Entre los personajes recordados con admiración, algunos se desempeñaron con énfasis en los circuitos nacionales, siendo reconocidos por su entrega popular y su disposición patriótica, y otros, sin ser ajenos a su origen, tuvieron una actividad y una visión geográfica de mayor rango que los convirtió en fuente de inspiración para todo un continente.

Ajeno al deseo de provocar comparaciones o polémicas, reconociendo que los grandes hombres políticos aparecen en las coyunturas como fruto de las aspiraciones e intereses de los pueblos, me parece a mí que tres vidas principales, instaladas como guardianas de lo mejor del pasado histórico, iluminadoras hoy de las luchas de los combatientes por el derecho a la soberanía completa de América Latina, son el Libertador Simón Bolívar, el Benemérito Benito Juárez, del cual se cumplen este año dos siglos de su natalicio, y el Apóstol José Martí.

El Libertador Bolívar

PRECEDIENDO a los otros dos aparece la figura de Simón Bolívar y Palacios (1783-1830), quien avanzó en la grandiosa idea de la forja del mundo múltiple que se estaba independizando en una sola nación de repúblicas. El Libertador no sólo participó como conductor de ejércitos en su natal Venezuela, en la vecina Colombia, en Ecuador, en Perú y el Alto Perú (léase Bolivia), sino que también proyectó la Confederación de los Andes y logró acuerdos concretados en la unificación de la Gran Colombia (1821) y en la unión política de Venezuela, Colombia, Ecuador y Panamá, que se mantuvo un tiempo relativamente largo. Además, convocó al Congreso Anfictiónico de Panamá de 1826.

En este congreso los asistentes representantes de algunos países independizados suscribieron un trato de unión, liga y confederación perpetua y una convención de contingentes para la defensa militar común. Lamentablemente lo aprobado en Panamá ya no fue ratificado en la "Villa" de Tacubaya, Ciudad de México a donde se trasladó el cónclave.

De momento la ansiada unificación bolivariana fracasó, pero a lo largo de la historia su ideario se mantuvo latente en la región. Por algo dijo Pablo Neruda que "Bolívar despierta cada cien años, cuando despierta el pueblo". En la actualidad no sólo en la Venezuela de Hugo Chávez, sino en el resto de América Latina, se multiplican quienes se sienten motivados por el pensamiento de Simón Bolívar.

Martí dijo de Bolívar que "murió pobre y dejó una familia de pueblos". Sin duda dejó una familia de pueblos que no pudo unificar firmemente y con permanencia, lo que le provocó amargura. Su propósito fue utilizar las identidades culturales y las aspiraciones comunes de nuestras naciones para constituir un solo cuerpo vigoroso que asegurara el triunfo definitivo de las armas independentistas y consolidara nuestro porvenir. No completó su sueño, pero a cambio nos dejó el mensaje que han hecho suyo varias generaciones y que hoy vemos con optimismo: unirnos como auténticos ciudadanos continentales, para proteger nuestro patrimonio económico y defender la independencia política.

Martí, el Apóstol

Aʟ Apóstol José Martí (1853-1895), fallecido más de medio siglo después que Bolívar, le tocó inspirar las luchas por la independencia de su patria cubana y denunciar la pobreza de los países latinoamericanos, que habían alcanzado su independencia formal, ante la presencia feroz del imperialismo.

Hubo una época en que por no observar a los malos religiosos, sino a las religiones, existieron quienes no repararon en el sentido hondo que contienen éstas, y se temió que funcionaran siempre en dirección contraria al desarrollo social. Con semejante concepción, martianos convencidos se opusieron a que a Martí se le llamara *Apóstol*. Pero apóstol será siempre porque así lo bautizó el pueblo y porque, sin ser de los mejores discípulos de Jesucristo, la entrega a su causa independentista fue total, sacrificada y excepcional, desestimando los tres consulados sudamericanos (de Uruguay, Paraguay y Argentina) que le otorgaron los reconocimientos plenos a su calidad de gran intelectual, para ir a ofrendar su vida en la acción de Dos Ríos.

Martí fue un latinoamericano de su época que gracias a su acusada sensibilidad y a sus viajes interpretó mejor la realidad política del mundo. Desterrado a España conoció Francia y, en nuestro continente, estuvo en México, Guatemala, Venezuela, Dominicana, Jamaica, Haití, Costa Rica y Panamá y vivió once años en Estados Unidos, de 1881 a 1892. En sus meditaciones captó las causas profundas de la independencia de nuestra región, lo que lo hizo exclamar: "La independencia venía sangrando de un siglo atrás; no viene ni de Rousseau ni de Washington. Viene de sí misma". Pero, tras la referencia al origen de nuestras luchas, entendió cabalmente que su misión no era sólo bregar por la independencia de Cuba, sino también estimular en Nuestra América, como lo dijo, "la segunda independencia" de los países que la componen, postrados ante la intervención arrolladora del imperialismo.

Sus acusaciones antiimperialistas son evidentes en distintos momentos. Desde la Conferencia Panamericana de 1889-1890, dijo que ella consistía en "el convite de Estados Unidos, repleto de artículos invendibles, para implantar un libre comercio perjudicial a nuestras relaciones con Europa". Y todavía, poco antes de morir en combate, en carta inconclusa a su amigo mexicano, Manuel Mercado, vinculó sus luchas en su patria con América Latina, afirmando la necesidad de impedir, con la independencia de Cuba, que Estados Unidos se extendiera por el resto del continente. En resumen, Martí predicó que la guerra de liberación había que librarla no sólo contra España, sino, asimismo, contra Estados Unidos.

Entre los méritos históricos de José Martí está el de ser padre de la independencia de Cuba y autor intelectual de la Revolución Cubana, como lo afirmó el presidente Fidel Castro, al mismo tiempo que el de ser un insigne latinoamericano que abogó por lo que él llamó "nuestra segunda independencia".

Juárez, el Benemérito

LOS congresos de Colombia y República Dominicana le confirieron a Benito Juárez el título de Benemérito, o sea: digno de honor por sus méritos. Pero la distinción no fue en abstracto. El título completo fue "Benemérito de las Américas". Muy justa y consecuente con el significado de su vida debe considerarse la denominación.

Benito Juárez (1806-1872), al igual que José Martí, no sólo fue una gran figura de su patria con hechos que repercutieron en el orbe entero, sino que sus ejecutorias detuvieron en su tiempo la tendencia de dominación completa que pretendían ejercer las grandes potencias en contra de América Latina.

Colocado cronológicamente como un puente entre Simón Bolívar, el campeón de las luchas contra el colonialismo, y José Martí, el ilustre adversario del neocolonialismo, Benito Juárez, el indio mexicano, prefundó su nación y le dio un nuevo aliento y convicción a nuestros países para continuar con la independencia.

Don Benito no fue un indio defensor de su raza; si bien su infancia transcurrió entre los suyos, en su desempeño en cargos políticos actuó siempre al servicio del pueblo mexicano en su conjunto, sin olvidar su origen. El caso reciente de Evo Morales, presidente de Bolivia, nos recuerda a Juárez, con la pequeña diferencia de que el Evo político se agitó al principio como representante indígena y ahora se motiva con la representación nacional.

Dicen sus biógrafos que el presidente Juárez es un prodigio de esfuerzo y superación personal y que era inteligente, valiente y austero pero también increíblemente terco y con frecuencia autoritario. Fernando Benítez agrega que Juárez afirmó que las características del régimen democrático están condicionadas por la intensidad de la amenaza externa que pudiera sufrir la nación. La forma de ser de su carácter y sus concepciones revelan al hombre de su tiempo capaz de triunfar, acompañado de un brillante grupo de intelectuales, en las condiciones en que se desenvolvía.

Lo que yo quiero resaltar de su valoración, como homenaje a los dos siglos de su natalicio, es que la refundación de México empezó con sus Leyes de Reforma (disputando con los conservadores y restringiendo la riqueza eclesiástica) y se completó con su espléndida victoria sobre la intervención extranjera. El periodo de don Benito es inmediatamente previo al control mundial y sistemático del capital monopólico, digamos que vivió el periodo en que las naciones poderosas buscaban afanosamente y con antelación su expansión territorial.

En América Latina, Nicaragua sufrió las fechorías del pirata norteamericano William Walker, representante de la sureña Liga de la Estrella Roja, quien en 1856 se proclamó presidente de Nicaragua, estableciendo un gobierno esclavista. Y en 1863 Francia, Inglaterra y España, con el pretexto de que Juárez había suspendido el pago de la deuda externa, entraron a México. Finalmente, Inglaterra y España se retiraron y Francia continuó con la intervención, colocando a Maximiliano de Habsburgo como monarca del país. La guerra de liberación fue cruenta, pero concluyó con la ejecución de Maximiliano en 1867 y con el triunfo de la nación mexicana, simbolizada en el triunfo del aborigen Juárez sobre el invasor extranjero. No sólo se logró la restauración de la República sino que se completó la refundación del país y se elevó muy alto el derecho a la autodeterminación nacional.

Juárez es Benemérito por su lucha mexicana, admirada mundialmente en su tiempo y hasta la fecha, y es "Benemérito de las Américas", como lo bautizaron los congresos colombiano y dominicano, por su vigoroso ejemplo que sirvió de valladar a las intromisiones, y que es una bandera latinoamericana, de inspiración general, que incluye particularmente al Estado que vio nacer al patricio. Su larga vida se ha prolongado ciento treinta y cuatro años después de su muerte.

Dos próceres de Nuestra América: Francisco Morazán y Benito Juárez

Por *Adalberto* SANTANA

E N EL PRESENTE TRABAJO hacemos un recuento del pensamiento liberal del presidente centroamericano Francisco Morazán (1792-1842) como el antecedente inmediato de la reforma liberal que se desarrolló en México durante el gobierno del presidente Benito Juárez (1867-1872). Ponemos un énfasis especial en las figuras de esos dos estadistas latinoamericanos, sus paralelismos históricos y la trascendencia de sus obras. Sin duda pensamos que estos dos próceres de la historia de Nuestra América son un referente esencial para el anhelado proyecto de integración latinoamericana, los principios de la defensa de la soberanía nacional y la autodeterminación de los pueblos.

Origen de Francisco Morazán y de Benito Juárez

FRANCISCO MORAZÁN QUEZADA nació el 3 de octubre de 1792 en la ciudad de Tegucigalpa (hoy capital de la República de Honduras) y murió fusilado en San José de Costa Rica el 15 de septiembre de 1842, el mismo día que se conmemora la independencia de Centroamérica. El prócer centroamericano descendía de los Morazzani, una familia de inmigrantes italianos originarios de la isla de Córcega, que económicamente se orientó a la minería y al comercio. En su momento, el reformador y liberal Ramón Rosa, destacado ministro de Educación de Honduras en la década del setenta del siglo XIX, apuntó que "los descendientes de Morazán pertenecieron a la familia Quezada y [a la] de los Herrera establecida en Tegucigalpa. Esta familia fue de las más antiguas y distinguidas por su posición social, por su carácter noble y caballero y por los talentos e instrucción de algunos de sus individuos".[1]

En tanto que en los últimos años de la Colonia en la Nueva España, en lo que hoy es el estado mexicano de Oaxaca, el 21 de marzo de 1806 nace Benito Pablo Juárez García en el pueblo de San Pablo Guelatao, en la sierra norte del valle de Oaxaca, falleciendo en la Ciudad de México el

---

[1] Ramón Rosa, *Obras escogidas*, Tegucigalpa, Guaymuras, 1980, p. 366.

18 de julio de 1872. Su origen étnico-social correspondió a su inserción en una comunidad zapoteca, donde la pobreza fue la constante.[2] El mismo Benito Juárez describe en sus *Apuntes para mis hijos*, el dramático escenario de sus primeros años:

> Tuve la desgracia de no haber conocido a mis padres Marcelino Juárez y Brígida García, indios de la raza primitiva del país, porque apenas tenía yo tres años cuando murieron, habiendo quedado con mis hermanas María Josefa y Rosa al cuidado de nuestros abuelos paternos Pedro Juárez y Justa López, indios también de la nación zapoteca.[3]

Morazán y Juárez estadistas

Francisco Morazán fue el primer mandatario que aplicó a su gestión un pensamiento liberal en Nuestra América. Con sus ideas y la práctica de un liberalismo revolucionario, Morazán trató de modernizar a Centroamérica, pero su ideario se vio truncado y su patria fue balcanizada. No obstante ha sido necesario reconsiderar su experiencia histórica a la luz de los retos del pensamiento liberal latinoamericano, particularmente para México, ya que la obra morazanista fue un referente fundamental del proyecto de reforma liberal en México. Con suma razón el historiador mexicano Luis Chávez Orozco afirmó:

> México debe a Morazán el impulso que lo llevó a plantear su reforma social de 1833-1834. Porque Morazán inició la revolución pequeño-burguesa en estos países ístmicos, dando al liberalismo el sentido que siempre ha tenido en todos los pueblos y en todas las épocas, por eso México que siguió sus huellas, es deudor de Morazán.[4]

El estadista centroamericano se inició en la vida pública de su país cuando éste todavía formaba parte del imperio español. Cuando Morazán estaba por llegar a los 29 años de edad, en la ciudad de Guatemala se firmó el acta de Independencia, el 15 de septiembre de 1821. Para ese tiempo el joven Juárez apenas ingresaba al Seminario de Oaxaca.

En 1822 Morazán aparece en el escenario político, esforzándose por sostener la Independencia. En busca de la unión centroamericana, en marzo de 1829 quedaría electo como presidente de Honduras. Duran-

---

[2] Jorge L. Tamayo, sel. y notas, *Benito Juárez: documentos, discursos y correspondencia*, México, Libros de México, 1972, tomo I.

[3] *Ibid.*, pp. 31-33.

[4] Luis Chávez Orozco, "Morazán, héroe continental", en Luis Chávez Orozco, Álvaro Contreras y Pedro Rivas, *Textos morazánicos*, Tegucigalpa, Secretaría de Cultura-Dirección General de Cultura, 1992, p. 5.

te su gobierno se dedicó a reorganizar la administración pública y orientó su atención a la educación, manifestándose así el carácter modernizador de su ideario.

Acorde con sus ideas liberales y progresistas Morazán impulsó toda una serie de medidas revolucionarias para la época. Así, fomentó la inmigración y estableció la libertad de cultos y de imprenta. El 28 de julio de 1830 dejó el gobierno de Honduras para hacerse cargo de la presidencia de la República Federal de Centro América, signada en la década de los años treinta del siglo xix por un contexto de calamidades y destrucción y por una economía profundamente debilitada. En tanto que Benito Juárez ingresa a los veinticuatro años como profesor al Instituto de Ciencias y Artes de Oaxaca.

La administración federal que dirigió el primer presidente centroamericano estuvo orientada a la reconstrucción pacífica de los distintos estados que componían la república. Los nuevos retos a los que se enfrentaba el gobierno giraban en torno a los problemas generados por la conjura de la "aristocracia criolla", el clero recalcitrante y el colonialismo inglés. Un elemento externo decisivo fue la política británica en la región. Desplazada España como potencia hegemónica en el área, su lugar fue ocupado rápidamente por Inglaterra, profundamente interesada en controlar el comercio y la riqueza de las ex colonias españolas. Es un momento en el que en Centroamérica comienzan a manifestarse los factores estratégicos de naturaleza geopolítica que han determinado en buena medida el rumbo histórico de la región. Esto es, la lucha por la hegemonía de la comunicación interoceánica y el predominio militar y comercial en el mar Caribe.

Durante su doble periodo en la administración de la república, de 1830 a 1838, el general Morazán enfrentó graves problemas internos. Durante ese periodo ingresa Benito Juárez a la vida política mexicana, primero como regidor del Ayuntamiento de Oaxaca durante dos años. Más tarde, en 1833, fue elegido diputado al congreso del estado de Oaxaca y al año siguiente, en 1834, se gradúa de abogado en el Instituto de Ciencias y Artes. En tanto, en esos momentos en Centroamérica las reformas sociales que introdujo el régimen liberal significaron un duro golpe tanto para "los aristócratas" de estirpe colonial como para su más importante aliado, la Iglesia católica, sector que años más tarde será también uno de los enemigos del liberalismo juarista.

Durante esos años destacaron diversas iniciativas reformistas del gobierno morazanista que intentaban transformar los campos de la educación y del sistema judicial, que diez años después de la independencia continuaban funcionando exactamente igual que durante la época colonial. Con esas medidas se logró instituir el matrimonio civil y el divorcio, medidas a las que se oponían los intereses conservadores y las instituciones heredadas del colonialismo español.

Casi veinte años después, el 7 de julio de 1859 en México, el presidente Benito Juárez va a promulgar las Leyes de Reforma con semejantes propósitos: la ley del 12 de julio de 1859 referente a la nacionalización de los bienes eclesiásticos, la del 23 de julio a los matrimonios civiles y el registro civil y la del 31 de julio a la secularización de los cementerios. El 11 de agosto de ese mismo año se fijaron cuáles serían las fechas festivas y cuáles no: en otras palabras se establecía al mismo tiempo la separación de la Iglesia católica y el poder de un Estado laico, garantizando con ello la libertad de cultos.[5]

En Centroamérica las reformas liberales que impulsó Morazán tendían a crear relaciones favorables para un desarrollo moderno del Istmo, pero el escaso nivel alcanzado por las fuerzas productivas durante la etapa colonial y poscolonial obstaculizaban de antemano su éxito. A las conspiraciones y asonadas conservadoras que se desataban una tras otra en los diferentes estados de la Federación Centroamericana se vino a sumar el resquebrajamiento de la unidad del Partido Liberal.

Desde esta perspectiva, el prolongado combate de los liberales contra la "aristocracia" en su afán por excluirla de la vida política, tampoco fue acompañado por un interés paralelo de integrar a otros sectores como a las comunidades indígenas, es decir, a una buena parte de la población, al proyecto de nación moderna que tan vehementemente se postulaba. Los sectores indígenas, por su parte, nunca encontraron suficientes atractivos en la oferta liberal como para romper con el orden ancestral consagrado por el clero católico y por tres siglos de estabilidad bajo el régimen colonial.

Cuando el liberalismo parecía encontrar por fin la oportunidad de llevar a la práctica sus más nobles postulados, resultó incapaz de lograr la cohesión de la sociedad centroamericana. No se logró establecer un gobierno funcional, a pesar de los denodados esfuerzos que hiciera Morazán desde la presidencia de la República Federal Centroamericana. Las fuerzas clericales y los sectores conservadores organizaron un fuerte bloque antiliberal, situación que fue aprovechada por el fanatismo religioso y el descontento que incidió en determinados sectores de la población, especialmente en el estado de Guatemala. En 1837, instigado

---

[5] *Cf.* José Alcina Franch, *Benito Juárez*, Madrid, Quórum, 1987 (*Historia*, 16), pp. 79-93.

por el clero, se produjo un levantamiento indio en la zona de Mataquescuintla encabezado por un joven ex soldado del ejército servil, Rafael Carrera, al grito de "¡Viva la religión y muerte a los extranjeros!".

Gracias a la influencia del clero esta rebelión fue instrumentada por los sectores conservadores como una fuerza de choque contra el régimen liberal. Las fuerzas de Carrera, unos diez mil entre hombres, mujeres y niños, se unieron a contingentes conservadores sublevados en Antigua y tomaron la ciudad de Guatemala el 2 de febrero de 1838, derrocando al liberal radical Mariano Gálvez, jefe de Estado. Así, Carrera entró triunfalmente en la capital en compañía del ex caudillo liberal Francisco Barrundia y otros prominentes conservadores.

Carrera fue combatido y derrotado por el propio Morazán al precio de una violenta represión de los pueblos indios que se habían sumado al levantamiento. Pero el derrocamiento de Gálvez, uno de los más firmes soportes del régimen, daba la medida de la debilidad de las instituciones federales. En esa coyuntura, el 2 de febrero de 1838, los departamentos de Quetzaltenango, Totonicapán y Sololá se constituyeron como el estado de Los Altos. El Congreso Federal aprobó la creación del sexto estado el 5 de junio del mismo año. Formaron parte de su gobierno Marcelo Molina, José M. Gálvez y José A. Aguilar.[6] El nuevo estado cercenaba tres departamentos al de Guatemala.

El "gobierno de Morazán accedió a esta solicitud, pero estipuló que se utilizaría al poder federal para proteger cualquier población que no deseara abandonar la jurisdicción de Guatemala".[7] Ese mismo año, el 20 de julio, en el acto de clausura del Congreso Federal, su presidente, Basilio Porras, describía las lamentables condiciones en que se encontraba la República: "No hemos podido hasta aquí consolidar un gobierno estable [...] No tenemos ningún crédito en el exterior ni en el interior [...] No existen ni el comercio ni la agricultura en el estado de prosperidad que debieran [...] No tenemos más hombres de luces que nos ayuden a promover el bien y salvar la patria".[8] Ese mismo congreso decretó la libertad para los estados que hasta entonces integraban la República Federal de constituirse de la manera que cada uno de ellos eligiese, siempre y

---

[6] Rafael Bardales B., *Morazán, defensor de la unión de Centroamérica*, Tegucigalpa, Editorial Universitaria, 1983, p. 69.

[7] Thomas L. Karnes, "Francisco Morazán y la Federación Centroamericana", en Carmen Collado *et al.*, *Centroamérica 1*, México, Instituto de Investigaciones Dr. José María Luis Mora/Universidad de Guadalajara/Nueva Imagen, 1988 (*Próceres*, núm. 2), p. 252.

[8] *Cf.* Constantino Láscaris, *Historia de las ideas en Centroamérica*, San José, EDUCA, 1970, p. 377.

cuando conservaran la forma de gobierno representativa. Aprovechando tal situación, Guatemala, Honduras, Nicaragua y Costa Rica proclamaron cada uno su independencia y liquidaban el proyecto integracionista centroamericano.

El 1° de febrero de 1839 expiró legalmente el segundo periodo presidencial de Francisco Morazán, así como el de los senadores y diputados federales. No se realizaron elecciones para sustituirlos y solamente el vicepresidente Diego Vigil, cuyo periodo aún no concluía, continuaba legalmente en funciones en el gobierno federal. Poco más tarde los gobiernos de Honduras y Nicaragua declararon la guerra a El Salvador, que permanecía fiel al gobierno de Morazán, al tiempo que en Guatemala Rafael Carrera encabezaba un nuevo levantamiento respaldado por el clero y la "aristocracia" locales.

Carrera ocupó la ciudad de Guatemala el 13 de abril de 1839. Días antes, el 5 de abril, Morazán defendía a El Salvador del ataque de las fuerzas conservadoras hondureñas, derrotando al general Francisco Ferrera en la batalla del Espíritu Santo. El 8 de julio de ese año Morazán asume el cargo de jefe de Estado de El Salvador, en tanto que Francisco Ferrera solicita nuevos refuerzos a Nicaragua para organizar el llamado "Ejército Pacificador de Centroamérica", con el que invadió El Salvador llegando hasta Cojutepeque, "pero fue derrotado en San Pablo Perulapán por el ejército federal, bajo el mando de Morazán, el 25 de septiembre de 1839".[9] Durante este periodo desempeñó un papel más que significativo la política intervencionista inglesa, así como lo hizo la francesa en México durante el gobierno de Juárez, al intervenir con el llamado Imperio de Maximiliano. En el caso centroamericano el cónsul británico, Federico Chatfield, era el instrumento de los intereses intervencionistas ingleses en la región.

Chatfield se lanzó, entonces contra los Estados independientes para hacerles sentir la hegemonía inglesa. En diciembre del año antes dicho [1839], envió una nota a Nicaragua, Costa Rica y Honduras diciéndoles que tenían la obligación de pagar un sexto de la deuda federal contraída con los tenedores de bonos británicos, al mismo tiempo que les recordaba la prohibición terminante, hecha por él, acerca de acordar empréstitos forzosos que afectaran a los súbditos ingleses. Mientras tanto, el Ministerio de Colonias, lord Glenelg, y el de Asuntos Exteriores, lord Palmerston, tomando en cuenta solicitudes previas de ayuda naval hechas por Chatfield, ordenaron el 9 de abril de 1839 al capitán Thomas Symonds, comandante de la corbeta *Rover*, ocupar Roatán y arriar la bandera centroamericana que había prometido izar a partir del 1° de septiembre de 1838 al comandante Trujillo. Symonds llegó a este puerto el 20 de abril de 1839 e hizo arriar una bandera de Moctezuma colocada en el

[9] Luis Mariñas Otero, *Honduras*, Tegucigalpa, Editorial Universitaria, 1983, p. 310.

asta del lugar. Las autoridades locales obedecieron sin obstáculos, pero, en vez de la inglesa, izaron la centroamericana. Ante tal acción, Symonds montó en cólera y puso el pabellón británico, capturando de inmediato a cinco funcionarios del gobierno local. Esta ocupación de Roatán motivó una carta circular muy enérgica del vicepresidente de la Federación, Diego Vijil, en funciones de presidente, el 21 de junio de 1839, en la cual alertaba a los Estados respecto al peligro inglés y llamaba a la unidad como la mejor forma de salvaguardar la soberanía patria. Respondiendo de inmediato Los Altos, constituido hacía poco tiempo como el sexto Estado independiente, y El Salvador, donde aún luchaba Morazán por reconstruir la República Federal. Esta coincidencia política frente al invasor llevó a la celebración entre ambos Estados, es decir, Los Altos y El Salvador, el 10 de agosto de 1839, del Convenio de Quezaltenango, en el cual se comprometían, entre otras cosas, a librar una resuelta acción contra los abusos de Inglaterra.[10]

El 18 de marzo de 1840, a la cabeza de un pequeño ejército de El Salvador, Morazán tomó la ciudad de Guatemala en un desesperado intento por reinstalar la Federación, pero, ya sin el apoyo de los mismos liberales guatemaltecos, fue cercado por unos cinco mil hombres de las huestes de Carrera. El ejército fue diezmado y rechazado definitivamente hacia El Salvador, y su jefe logró a duras penas salvar su propia vida. En su célebre *Manifiesto de David* (16 de julio de 1841), Francisco Morazán analiza el papel desempeñado por Rafael Carrera:

> Y para que nada faltase de ignominia y funesto a la revolución que habéis últimamente promovido, apareció en la escena el salvaje Carrera, llevando en su pecho las insignias del fanatismo, en sus labios la destrucción de los principios liberales y en sus manos el puñal que asesinara a todos aquellos que no habían sido abortados, como él, de las cavernas de Mataquescuintla. Este monstruo debió desaparecer con el *cholera morbus* asiático que lo produjo. Al lado de un fraile y de un clérigo se presentó por la primera vez revolucionando los pueblos contra el Gobierno de Guatemala, como envenenador de los ríos que aquéllos conjuraban, para evitar, decían, el contagio de la peste. Y contra este mismo Gobierno, fue el apoyo de los que en su exasperación le dieron parte en la ocupación de la ciudad de Guatemala. Fue su peor enemigo cuando éstos quisieron poner término a sus demasías y vandalismos, y su más encarnizado perseguidor y asesino cuando el salvaje se uniera con vosotros.[11]

El 18 de abril de 1840, el general Francisco Morazán tomó el camino del exilio, como hiciera Juárez en 1853 en Cuba y Nueva Orleáns. Morazán partió del puerto de La Libertad, en El Salvador, embarcándose en la goleta *Izalco*, que lo llevó a Costa Rica. En tierras costarricenses,

---

[10] Longino Becerra, *Morazán revolucionario: el liberalismo como negación del iluminismo*, Tegucigalpa, Baktún, 1992, pp. 52-53.

[11] Adalberto Santana, *El pensamiento de Francisco Morazán*, México, CCYDEL-UNAM, 2003, p. 40.

Morazán buscó que el gobierno aceptara ofrecer asilo a algunos de sus acompañantes. Determinado número de ellos fue aceptado y sólo siete continuaron el viaje con él.

En David, Panamá, Morazán escribe sus *Memorias*, documento autobiográfico que cubre hasta el 13 de abril de 1829, testimonio que dejó inconcluso por su participación posterior en la política de Centroamérica. De igual forma, en ese punto de Panamá escribió el citado *Manifiesto de David*,[12] que se dice surgió como una rectificación en torno a la conveniencia del federalismo, máxime cuando los pueblos del Istmo vivían tan anarquizados. Por esta época, "y después de tantas dolorosas experiencias, Morazán llegó a la conclusión de que federalismo y caudillaje bárbaro eran expresiones sinónimas".[13]

Cuando estaba todavía en David, a Morazán le llegaron llamados de sus correligionarios, impugnando sobre todo la dictadura vitalicia de Braulio Carrillo en Costa Rica. Esta situación lo llevó de nueva cuenta a prolongar su peregrinaje con el propósito de apartarse transitoriamente de América Central, postura que lo hace continuar su viaje hacia Perú. Ya en Lima, Morazán recibe la invitación del mariscal Agustín Gamarra, para confiarle el mando de una división peruana, en momentos en que su país se encontraba en guerra con Chile.

En Lima, se encontró Morazán con una situación convulsa. Desde hacía más de doce años las disensiones entre las repúblicas de Perú y Bolivia —en las cuales se vieron involucrados los Estados de Chile y Colombia— dieron lugar a una serie de guerras con éxitos y fracasos recíprocos, que arrastraron su caudal de funestas etapas de caos entre las partes beligerantes.[14] Francisco Morazán tuvo la fortuna de encontrar buenos amigos y compañeros de ideales. Entre ellos figuraban los generales José Rufino Echenique y Pedro Bermúdez. Este último, a quien había conocido en 1835, se sumó después de las nuevas campañas que Morazán emprendería en su retorno a Centroamérica.

Benito Juárez, como Morazán, vivió el exilio. Pero el destierro de Juárez se desarrolló en Nueva Orleáns desde finales de 1853, y se prolongaría hasta mediados de 1855, en que decide retornar del exilio pasando por las naciones hermanas de Cuba y Panamá. Él mismo lo afirma en sus *Apuntes para mis hijos*:

───────────

[12] *Cf.* dicho texto en *ibid.*, pp. 73-84.

[13] Carlos A. Ferro, *San Martín y Morazán*, Tegucigalpa, Nuevo Continente, 1971, p. 129.

[14] Miguel R. Ortega, *Morazán, laurel sin ocaso: biografía*, Tegucigalpa, Lithopress Industrial, 1998, vol. I, p. 172.

Viví en esta ciudad hasta el 20 de junio de 1855 en que salí para Acapulco a prestar mis servicios en la campaña que los generales don Juan Álvarez y don Ignacio Comonfort dirigían contra el poder tiránico de don Antonio López de Santa Anna. Hice el viaje por La Habana y el istmo de Panamá y llegué al puerto de Acapulco a fines del mes de julio. Lo que me determinó a tomar esta resolución fue la orden que dio Santa Anna de que los desterrados no podrían volver a la república sin prestar previamente la protesta de sumisión y obediencia al poder tiránico que ejercía en el país. Luego que esta orden llegó a mi noticia hablé a varios de mis compañeros de destierro y dirigí a los que se hallaban fuera de la ciudad una carta que debe existir entre mis papeles, en borrador, invitándolos para que volviéramos a la Patria, no mediante la condición humillante que se nos imponía, sino a tomar parte en la revolución que ya se operaba contra el tirano para establecer un gobierno que hiciera feliz a la Nación por los medios de la justicia, la libertad y la igualdad.[15]

En esa estadía en el exilio político de Nueva Orleáns, Juárez y otros destacados liberales mexicanos forman un grupo compacto en el que figuran luchadores como Melchor Ocampo,[16] José Dolores Zetina, José María Mata, Guadalupe Montenegro, Manuel Cepeda Peraza,[17] Esteban Calderón y Ponciano Arriaga, es decir, un segmento representativo de una generación que Benito Juárez "dirigió, simbolizó y en parte contribuyó a formar, en el curso de sus luchas",[18] la generación liberal de 1857. Mas también ahí en Nueva Orleáns va a tener lugar un episodio clave de la vida personal de Juárez de especial importancia por los lazos entre México y Cuba. En Nueva Orleáns, Juárez conoce al también exiliado Pedro Santacilia y Palacios, nacido en Santiago de Cuba el 24 de junio de 1826. "Ambos compartían los mismos ideales emancipadores. Allí nació una amistad que fue haciéndose cada vez más profunda".[19] El 20 de

---

[15] Tamayo, sel. y notas, *Benito Juárez: documentos, discursos y correspondencia* [n. 2], pp. 187-189.

[16] Melchor Ocampo fue un renombrado liberal que compartió con Juárez el destierro en Cuba y en Estados Unidos. Como reformador llegó a ser jefe de gabinete en 1858 con el presidente Benito Juárez e impulsor de las Leyes de Reforma, pero fue asesinado el 3 de junio de 1861, José Herrera Peña, *La biblioteca de un reformador*, Morelia, Universidad Michoacana de San Nicolás Hidalgo, 2005.

[17] *Cf.* Carlos Loret de Mola, *Manuel Cepeda Peraza (soldado y estadista de la República)*, México, SEP, 1967 (*Cuadernos de Lectura Popular*, núm. 116). En dicho texto se asienta que el destacado liberal yucateco (1823-1869) fue un gran militar juarista "que sería estadista, va al destierro, al dolor y a la amargura; pero allá, en el extranjero, le espera la mano amiga de otro proscrito de la dictadura: Benito Juárez", p. 42.

[18] Raúl Mejía Zúñiga, *Benito Juárez y su generación*, México, SEP, 1972 (*SepSetentas*, 30), p. 38.

[19] Luis Ángel Argüelles Espinosa, *Temas cubanomexicanos*, México, UNAM, 1989, p. 69. A su vez, Ana Gloria Mesa de la Fé agrega que Santacilia y Palacios: "Cuando Maximiliano intenta materializar los sueños imperiales de Francia en América, Santacilia se convierte en proveedor de los republicanos. Poco después del triunfo de Juárez se

junio de 1855 Benito Juárez estaba a punto de abandonar el exilio de Nueva Orleáns para abordar el vapor que le llevaría a Acapulco a unirse a las fuerzas del general Juan Álvarez y así apoyar al Plan de Ayutla. Se dice que al despedirlo Pedro Santacilia le preguntó: "¿Dónde nos volveremos a encontrar?", a lo que Juárez respondió con una frase que se volvería histórica: "En México libre o en la eternidad".[20]

En el caso de Francisco Morazán, el general hondureño abandonó el exilio peruano después de cuatro meses de encontrarse en Lima. Al tener noticias del levantamiento de los mosquitos en la costa norte y de las ocupaciones inglesas en territorio de Honduras, decide retornar para defender la soberanía de su país. En ese año de 1841, al fallecer el cacique de los mosquitos, hereda el territorio a su "querida prima Victoria", y con esa justificación "los ingleses procedieron inmediatamente a ocupar San Juan y a proclamar un rey de los mosquitos bajo protección británica".[21]

Por otra parte, ya como presidente, Benito Juárez (1858-1872) enfrentó también este tipo de intervenciones, como la francesa en 1862 hasta la derrota del imperio de Maximiliano en el Cerro de las Campanas, en Querétaro, el 19 de junio de 1867. Por la importancia de esa gesta libertaria de la causa juarista, el 11 de mayo de 1867 el Congreso dominicano proclamó a Juárez "Benemérito de la América", tal como lo propuso el diputado Antonio Delfín Madrigal (1824-1889). Ese gesto dominicano constituyó un estímulo moral de valor latinoamericano en el momento en que las fuerzas antiintervencionistas mexicanas estaban a punto de derrotar por completo a Maximiliano de Austria en la ciudad de Querétaro. La declaración de "Benemérito de la América" se propuso para que la actitud dominicana fuera emulada, es decir, que fuese "ejemplo a las demás repúblicas hermanas que quisiesen mostrar su simpatía por la causa de la libertad de México, a la que no dudaba debía seguirse la de toda la América de uno a otro extremo".[22]

---

traslada a México en calidad de secretario particular del presidente; será también electo diputado federal en siete ocasiones. Santacilia desplegó en México una activa labor intelectual: redactor de *El Heraldo* y *El Nuevo Mundo*; director, junto al poeta mexicano Guillermo Prieto, del *Diario Oficial*, y director de *El Cura de Tamajén* y *La Chicana*", Mesa de la Fé, *Escritores cubanos emigrados en Hispanoamérica (1868-1898)*, La Habana, Academia de Ciencias de Cuba/Instituto de Literatura y Lingüística, 1985, p. 5. Asimismo Santacilia publicó varios libros entre ellos *El genio del mal, la clava del indio: leyenda cubana* (1862), *Apólogos* (1867) y *Del movimiento literario en México* (1868).

[20] Argüelles Espinosa, *Temas cubanomexicanos* [n. 19], p. 69.

[21] Mariñas Otero, *Honduras* [n. 9], p. 311.

[22] Pablo A. Maríñez, "El Benemérito de la América, Benito Juárez y la República Dominicana", *Archipiélago* (México), núm. 50 (2005), p. 20.

En tanto que frente a la situación intervencionista en Centroamérica, Morazán, con el respaldo del general Bermúdez, partió de El Callao a fines de diciembre de 1841. De esta forma, a bordo del *Cruzador*, Morazán y acompañantes hicieron escala en Guayaquil y de allí partieron por mar a Chiriquí en Panamá. En este último lugar tuvo la posibilidad de reunirse una vez más con su familia y ganar nuevos voluntarios. Más tarde, en La Unión en El Salvador, logró la incorporación a sus fuerzas de cuatrocientos veteranos salvadoreños y hondureños. Desde este lugar se dirigió a todos los gobiernos centroamericanos y el 16 de febrero de 1842, a bordo del *Cruzador*, en la Bahía de La Unión, escribió:

> Ni los males que éstos padecían, ni las persecuciones de mis amigos, ni las excitaciones continuas de los que eran perseguidos en el interior de la República, habían podido variar la conducta neutral que he observado en los veintidós meses de mi espontáneo destierro. Esta conducta habría sido invariable en mí, si un suceso tan inesperado como sensible no me hubiese hecho mudar de resolución, en fuerza de los nuevos deberes que me lo prescribían y de ese sentimiento nacional irresistible por aquellos que tienen un corazón para su Patria.[23]

Esta postura de Morazán bien puede ser interpretada como la más clara reivindicación de la defensa de la soberanía nacional frente a la intervención extranjera. Tal como el presidente Benito Juárez dijera años más tarde, el 8 de diciembre de 1867, al iniciarse las sesiones del Congreso:

> El 31 de mayo de 1863 felicité en este lugar a los elegidos por el pueblo por la decisión y la fe con que combatían los buenos hijos de la República, inspirando la segura confianza del triunfo contra una poderosa invasión extranjera. Reunida ahora de nuevo la representación nacional, puedo felicitaros con mayor motivo, por el triunfo completo de la República.[24]

Al tener noticias de la presencia en territorio costarricense de las fuerzas unionistas, el gobierno de Carrillo se aprestó a organizar la resistencia. En respuesta, Francisco Morazán lanzó una proclama al pueblo de Costa Rica el 9 de abril de ese año de 1842, en la que afirmaba: "Costarricenses: han llegado a mi destierro vuestras súplicas, y vengo a acreditaros que no soy indiferente a las desgracias que experimentáis. Vuestros clamores han herido por largo tiempo mis oídos, y he encontrado al fin los medios de salvaros, aunque sea a costa de mi propia vida".[25]

---

[23] "Exposición del general Morazán al gobierno del estado de Honduras (Manifiesto desde la Unión)", en Santana, *El pensamiento de Francisco Morazán* [n. 11], p. 113.

[24] *Cf.* Alcina Franch, *Benito Juárez* [n. 5], p. 146.

[25] "Francisco Morazán a los habitantes de Costa Rica", en Santana, *El pensamiento de Francisco Morazán* [n. 11], p. 117.

Por su mayor experiencia y habilidad política, Francisco Morazán logró establecer un gobierno provisional. La rápida y elocuente victoria morazanista también generó que sus acérrimos enemigos (Rafael Carrera y Federico Chatfield, el cónsul británico) buscarán su derrota. Morazán, al igual que Juárez en su momento, buscaba restablecer la legalidad del Estado por medio de la justicia y el orden legal. Esto es, "organizar los intereses del Estado [...] mandar que todos los que se hallaban perseguidos en los otros estados de la República, cualquiera que hubiera sido su militancia política, tendrían en Costa Rica un seguro asilo y podrían vivir en su territorio bajo la protección de las leyes".[26] Esta nueva fase de la vida de Morazán también mostraba que "había emprendido su retorno para defender su patria amenazada por una potencia extranjera y ahora se encontraba, una vez más, envuelto en la vorágine de las luchas civiles que terminaron por devorarlo".[27]

Las tareas del ejercicio de gobierno eran restablecer la fuerza de un Estado nacional. Así, el 10 de julio de 1842 fue instalada la Asamblea Constituyente. Cinco días después ella misma declaró a Francisco Morazán jefe del Ejército Nacional y libertador de Costa Rica. Nuevamente en el poder por decreto de la Asamblea Constituyente del 20 de julio, Morazán se dio a la tarea de organizar el ejército, que tendría la facultad y la delicada misión de reorganizar la República de Centro América.

El desenlace mostraba todavía la fuerza de los sectores conservadores centroamericanos y la fortaleza dentro de sus filas. El 12 de septiembre se tendió un cerco a Morazán. El 14 de septiembre, al filo de las 4 de la madrugada, las fuerzas morazanistas lograron romperlo y dirigirse a la ciudad de Cartago. Sin embargo, el 15 de septiembre de 1842, fecha en que se cumplía un aniversario más de la firma del Acta de Independencia de la América Central, Morazán era apresado y fusilado. En su testamento dejó constancia de su último pensamiento político, afirmando: "Declaro: que mi amor a Centroamérica muere conmigo. Excito a la juventud, que es llamada a dar vida a este país, que dejo con sentimiento por quedar anarquizado, y deseo que imite mi ejemplo de morir con firmeza antes que dejarlo abandonado al desorden en que desgraciadamente hoy se encuentra".[28]

---

[26] Medardo Mejía, *Historia de Honduras*, Tegucigalpa, Editorial Universitaria, 1986, vol. III, p. 334.

[27] Ferro, *San Martín y Morazán* [n. 13], p. 141.

[28] *Ibid.*, p. 120.

El pensamiento del general Francisco Morazán quedó plasmado en la serie de documentos que como testimonio de su ideario y de su lucha formuló a través de sus apuntes, manifiestos, proclamas, correspondencia y mensajes oficiales elaborados a lo largo de su fecunda vida política. Un elemento central en ese ideario político fue su acendrada defensa de la ideología liberal y la defensa de la soberanía nacional, así como más tarde lo haría pero con mayor éxito el Benemérito de las Américas. La serie de combates políticos e ideológicos que libraron Morazán y Juárez estuvo marcada por el matiz anticlerical, mas no antirreligioso, producto del propio pensamiento liberal de la época. El legado fundamental del pensamiento y la idea emancipadora de Morazán y Juárez se encuentra en la defensa de la nación. Las reformas instrumentadas por el proyecto morazanista estuvieron limitadas por el mismo escenario político y la inmadurez de las condiciones prevalecientes, en tanto que en la fase juarista las condiciones eran mucho más maduras para lograrse una gran victoria.

Es necesario considerar el peso de las potencias extranjeras que en Centroamérica y México fueron un factor fundamental en esos procesos de reformas liberales. Para Centroamérica fue determinante la responsabilidad de dichas potencias en la balcanización del Istmo. Sin embargo, lo realmente visible para la ruptura de la Federación y de la propuesta unionista de Francisco Morazán fue la enorme distancia entre el proyecto político liberal y la realidad social. Para el historiador Héctor Pérez Brignoli, los conflictos que deterioraron y acabaron con la Federación se desarrollaron en el marco del enfrentamiento entre liberales y conservadores. Esta pugna se delimitó con gran claridad en el plano ideológico.

> Para los primeros se trata de la utopía del progreso; extender a estas tierras regadas por el atraso y el oscurantismo la llama encendida por la Revolución Francesa y la Independencia de los Estados Unidos. En breve, atar el futuro al carro de "Prometeo desencadenado". Los segundos añoraban el orden colonial, tenían infinito respeto por la Iglesia y temían el cambio social no controlado. Se trata, en dos palabras, de la utopía del despotismo ilustrado. Como siempre ocurre, la claridad de las ideas contrastaba con las ambiciones personales, el oportunismo político, circunstancias inesperadas, y la compleja base de los intereses en juego.[29]

Tomando como base las condiciones imperantes en Centroamérica durante la etapa de la Federación, se puede plantear que el ideario de Francisco Morazán se proponía la transformación de la sociedad centroame-

---

[29] Héctor Pérez Brignoli, *Breve historia de Centroamérica*, México, Alianza, 1989, p. 89.

ricana a través de una revolución de corte democrático-burgués, sin embargo la viabilidad de su proyecto (objetivamente irrealizable), era una propuesta que no contaba socialmente con una clase capaz de lograr los objetivos planteados. Significa que, por la falta de tal clase,

> Morazán se apoyó en las masas campesinas, que fueron decisivas en la primera etapa de la lucha revolucionaria, cuando ésta tomó necesariamente las formas de una confrontación militar. Sin embargo, una vez vencidos los contrarrevolucionarios en una serie de combates que pusieron de relieve el genio estratégico de Morazán, la revolución pasó a una segunda etapa, caracterizada por el predominio de la confrontación económica, es decir, una confrontación en la que no sólo era necesario derrotar a los enemigos de los cambios, sino también debilitarlos como clase. Para este esfuerzo, las masas campesinas ya no eran suficientes y se necesitaban los *ejércitos burgueses* —banqueros, industriales, grandes comerciantes, inversionistas del agro y de los servicios etc.— para reestructurar con ello el orden social sobre fundamentos modernos. La falta de la burguesía determinó la derrota de Morazán, quien, además, pagó con su vida la audacia de haber alimentado un sueño superior a su tiempo.[30]

Sus ideas se desarrollaron en un momento específico de la historia de la región. Pero no quedaron como una propuesta y un planteamiento imposible de realizar. La ideología liberal que desarrolló Morazán tenía como ejes una serie de libertades en lo económico, en la educación y en una serie de prácticas políticas de la participación ciudadana y en la defensa de la soberanía nacional. Puntos programáticos que encuentran su correspondencia con las ideas juaristas. De ahí el paralelismo entre Morazán y Juárez. La experiencia de Morazán no logró triunfar a cabalidad, pero fue una gran lección para la lucha de Juárez.

> Si Centro América dio, antes que México, el primer paso para destruir el régimen feudal heredado de la Colonia, es porque Centro América, por circunstancias políticas, el régimen feudal sólido y fuerte como era, era sin embargo, menos sólido y menos fuerte que en México. Y esto permitió el juego de una serie de fuerzas bajo cuyo impulso actuaban, en su propio beneficio, intereses pequeño burgueses.[31]

Finalmente podemos concluir que Morazán y Juárez son dos próceres de Nuestra América que constituyen un paradigma en la reivindicación de la lucha por la defensa de la soberanía nacional. Los ejemplos se encuentran a la vista. Pero también en ello destaca otro gran valor que resume en gran medida la síntesis del ideario juarista: la lucha por la

---

[30] Becerra, *Evolución histórica de Honduras* [n. 10], p. 112.
[31] Chávez Orozco, "Morazán, héroe continental" [n. 4], p. 5.

paz;[32] principios que ya en Morazán estaban planteados como una postura para reafirmar y legitimar el derecho a la autodeterminación nacional y que formuló en su mismo testamento antes de ser fusilado. "Declaro: que no he merecido la muerte porque no he cometido más falta que dar libertad a Costa Rica y procurar la paz de la República".

Estos principios y reivindicaciones han sido en nuestra historia latinoamericana la síntesis programática tanto del ideario de Morazán como del de Juárez; siendo el estadista mexicano con su gran ejemplo quien lo hizo un precepto universal al pronunciar el 15 de julio de 1867: "Entre los individuos, como entre las naciones, el respeto al derecho ajeno es la paz".

---

[32] *Cf.* Leopoldo Zea, *Latinoamérica Tercer Mundo*, México, Extemporáneos, 1977 (*Colección Latinoamérica*, núm. 1), pp. 91-101.

La revolución liberal juarista en México: su singularidad en la historia de América Latina

Por *Sergio* GUERRA VILABOY

U NA SERIE DE TRANSFORMACIONES de orientación liberal y burguesa sacudió a América Latina a partir de mediados del siglo XIX ante el empuje del avance capitalista a escala internacional y la tremenda repercusión de la oleada revolucionaria europea de 1848. Entre sus causas se hallaba el significativo retroceso económico social experimentado después de la independencia, que llevó al establecimiento en casi todas partes de un orden conservador —sostenido por la Iglesia— encargado de restablecer la esclavitud, el tributo indígena y el régimen de mayorazgos.

En cada uno de los países latinoamericanos donde se desarrollaron, las revoluciones liberales adquirieron características distintas, determinadas por las tareas objetivas y el grado de maduración de la conciencia burguesa, aunque fue muy frecuente que las transformaciones se realizaran como resultado de reformas "desde arriba" sin participación popular. Entre sus principales propósitos figuraba el cambio de las anquilosadas estructuras sociales y económicas, heredadas de la época colonial, y la necesidad de impulsar el desarrollo capitalista como premisas para la creación de naciones modernas.

Al propiciar la integración económica del territorio nacional —abolición de aduanas interiores, peajes y estancos, eliminación de obstáculos a las comunicaciones interregionales mediante la libre navegación de los ríos y la construcción de ferrocarriles etc.— su adecuación a los límites formales de las repúblicas —colonización interior o conquista de insumisas zonas indígenas— y la desamortización de las formas arcaicas de la propiedad comunal y corporativa —laica o eclesiástica—, el reformismo liberal impulsó la difusión de las relaciones mercantiles promoviendo el librecambio y la ampliación de los sectores burgueses, aspirando a la remodelación del Estado a imagen y semejanza de los grandes países capitalistas industrializados.

En algunos países latinoamericanos el principal obstáculo lo interponía la Iglesia católica, íntimamente asociada a los terratenientes conservadores. Tales fueron los casos de México y, en menor medida, de Guatemala, Colombia y Ecuador. En otras naciones, el predominio de la aristocracia enfeudada amparaba los privilegios de un clero mucho menos poderoso —como en Perú, Chile y Venezuela y parte de América Central— o el predominio de viejas oligarquías locales o regionales, como en el Río de la Plata, negadas a aceptar proyectos liberales de organización nacional que no respetaran las prerrogativas de las provincias.

Como resultado de las reformas liberales se amplió el territorio de muchos países latinoamericanos para acomodarse mejor a las fronteras estatales, se avanzó en la formación de un mercado interno y se activó la conformación de la sociedad y la propia nación, sobre la que se había establecido una imagen modelada exclusivamente en el espejo de la aristocracia blanca, de raíz española y católica. Desde entonces comenzaron a configurarse, todavía un tanto tímidamente, nuevos patrones culturales más representativos de la idiosincrasia nacional, como el gaucho argentino o el charro mexicano, indicativos de que cada país latinoamericano se iba en cierta forma homogeneizando y delineando mejor —aunque a su propio ritmo— e identificándose con un arquetipo social singular, símbolo de su población más característica.

El ascenso de la burguesía y las relaciones capitalistas precedió, acompañó o sucedió al triunfo de las emergentes fuerzas políticas liberales. Estos procesos, iniciados con "la revolución del medio siglo" en Nueva Granada (1849)[1] y la de Ayutla en México (1854), se desarrollaron en varias partes de América Latina y continuaron hasta las postrimerías del siglo xix, aunque sus reformas fueron más traumáticas y profundas pues debían vencer enconadas resistencias, donde mayor peso tenía la herencia feudal colonial.

Las principales oleadas reformistas se desarrollaron en México de 1854 a 1867, durante el gobierno de Benito Juárez; de 1849 a 1854 y de 1861 a 1864 en la actual Colombia, bajo la dirección de José Hilario López y Tomás Cipriano de Mosquera respectivamente; en Venezuela a partir de la Guerra Federal (1859), verdadera revolución campesina, y durante el gobierno de Antonio Guzmán Blanco, de 1870 a 1888; en Centroamérica se generalizaron después del triunfo, en 1871, del levantamiento liberal guatemalteco por el presidente Justo Rufino Barrios y cerraron con la tardía reforma de José Santos Zelaya en Nicaragua en 1893, casi simultánea a la llevada adelante por Eloy Alfaro en Ecuador (1883 y 1895), una de las últimas del continente. Muchas de estas trans-

---

[1] Sergio Guerra Vilaboy, *Los artesanos en la revolución latinoamericana*, Santafé de Bogotá, Universidad Central, 2000.

formaciones liberales coincidieron en tiempo con la primera guerra de independencia de Cuba (1868-1878), iniciada por Carlos Manuel de Céspedes y reanudada en 1895 por José Martí.

Sin duda la reforma liberal más radical, de mayores consecuencias internas y repercusiones externas, fue la dirigida por Benito Juárez en México, que se expresó como una auténtica revolución devenida, además, bajo la presión de la inesperada intervención extranjera en una gesta de liberación nacional. Cabe hacer mención que la primera gran revolución liberal en América Latina fue la que encabezó en Centroamérica el general Francisco Morazán entre 1830 y 1839, la cual fue el antecedente inmediato de la dirigida por Benito Juárez y los liberales mexicanos.[2]

Por sus características y resultados, la reforma liberal en México, extendida entre 1854 y 1867, puede definirse como una verdadera revolución burguesa, la segunda de su ciclo nacional revolucionario —la primera fue la de Hidalgo y Morelos— que despejó el camino a un crecimiento capitalista más vigoroso y profundo.[3] De ese proceso, desarrollado en tres fases —levantamiento en Ayutla y primeras reformas liberales (1854-1857); guerra civil (1858-1860); y la contienda de liberación nacional contra la intervención francesa y el llamado segundo imperio (1861-1867)— emergió fortalecida la nación mexicana, consciente como nunca antes de su propia identidad, pues la victoria contra el colonialismo francés elevó la conciencia nacional a un nuevo nivel.

Las conocidas leyes Juárez y Lerdo, incorporadas junto con otros preceptos liberaldemocráticos a la Constitución de 1857 —que ratificó la abolición de la esclavitud, derogó los títulos hereditarios, monopolios y privilegios, suprimió la servidumbre indígena, los impuestos y gravámenes feudales, así como los préstamos forzosos— inauguraron la transformación revolucionaria de México y sentaron las premisas jurídicas para la consolidación del Estado en el marco de una concepción liberal clásica: división de poderes, parlamentarismo y legalidad burguesa.

En especial, la abolición de los fueros enarbolada por Juárez en su condición de secretario de Justicia y Negocios Eclesiásticos (22 de noviembre de 1855) en el gabinete de Juan Álvarez, asestó un golpe demo-

---

[2] *Cf.* Adalberto Santana, *El pensamiento de Francisco Morazán*, México, UNAM, 2002.

[3] Estas tesis fueron desarrolladas ampliamente por el historiador alemán Manfred Kossok, en su libro *La revolución en la historia de América Latina*, La Habana, Editorial de Ciencias Sociales, 1989. En específico, para el caso mexicano, existe el ya clásico ensayo de Enrique Semo, "Las revoluciones en la historia de México", publicado en *Historia y sociedad* (México), nueva época, núm. 8 (1975).

ledor a dos instituciones que venían del viejo orden económico social: la
Iglesia católica y la casta militar. Por su parte, la Ley Lerdo, de desamortización de las propiedades eclesiásticas, promulgada por Miguel Lerdo
de Tejada el 28 de junio de 1856 en su condición de secretario de Hacienda en el gobierno de Ignacio Comonfort, era menos radical, pues no
expropiaba los bienes del clero, sólo obligaba a venderlos.

Este último decreto tenía por objetivo entregar las tierras eclesiásticas, protegidas por las "manos muertas", a quienes las tenían en arriendo
o a los mejores postores en subastas públicas. Con ello se pondrían en
circulación las extensas propiedades territoriales de la Iglesia católica.
En otras palabras, la ley de desamortización no expropiaba, sino tan sólo
obligaba a vender las tierras, no así los edificios y demás bienes que
permanecerían en poder del clero.

Algunos de los allegados a Juárez, provenientes del ala más democrática del liberalismo, los llamados "puros", eran incluso partidarios de
prohibir el latifundio y defendían la extensión de la pequeña propiedad
campesina. Se diferenciaban de los liberales moderados —naciente burguesía, funcionarios acomodados y latifundistas y grandes comerciantes— en que ellos sólo pretendían realizar ciertas reformas de tipo bur-
gués —supresión de corporaciones, aduanas interiores, estancos y algunas
medidas contra el poderío del clero, facilitando la acumulación capitalista— que les crearan mejores posibilidades para sus actividades económicas y financieras sin entrar en abierto conflicto con las fuerzas conservadoras.

En la práctica, la aplicación de esta legislación en la dirección que
convenía al sector oligárquico del liberalismo tendría como resultado a
largo plazo que la mayor parte de las propiedades eclesiásticas —y también las pertenecientes a las comunidades indígenas— fueran a parar a
manos de la naciente burguesía, los latifundistas y grandes comerciantes
y no a los campesinos sin tierra. De esta manera, como claramente se
revelaría durante la prolongada dictadura de Porfirio Díaz (1876-1911),
estas reformas llevarían al avance capitalista por la vía conservadora,
esto es, la del predominio de la gran propiedad terrateniente laica, impi-
diendo la verdadera democratización de la propiedad rural a que aspiraba el ala más avanzada del juarismo.[4]

Pero la promulgación de la Constitución de 1857 provocó la violenta
reacción del clero y los conservadores contra la legislación liberal que

---

[4] Un análisis en Agustín Cueva, *El desarrollo del capitalismo en América Latina*,
México, Siglo XXI, 1977.

alteraba el viejo *statu quo*. Durante la guerra civil que se abrió a conti-
nuación, el gobierno de Juárez —llegado a la presidencia tras la desati-
nada decisión de Comonfort de intentar conciliar lo inconciliable, pactan-
do con la contrarrevolución— aprovechó el estado de excepción para
ajustar cuentas a la oposición reaccionaria. En el fragor de los combates,
y sin las limitaciones parlamentarias al quedar desactivado el Congreso
de la República, el presidente mexicano dio a conocer las disposiciones
más revolucionarias y avanzadas comprendidas en las llamadas grandes
Leyes de Reforma dictadas en Veracruz entre el 12 de julio de 1859 y el
4 de diciembre de 1860.

Nos referimos a la ley de nacionalización, sin indemnización, de los
bienes eclesiásticos; sobre el matrimonio civil; de secularización de
los cementerios; de reducción de festividades religiosas, supresión de órdenes religiosas y la que prescribía la libertad de cultos. Sin duda, la nacionalización de las propiedades del clero fue la disposición más importante,
que permitió profundizar la reforma liberal, privando a la Iglesia católica
y a los conservadores de recursos, radicalizando la lucha para ganar
aliados entre los sectores sociales beneficiados con las propiedades con-
fiscadas.

No debe olvidarse que hasta la aplicación de la Reforma, la Iglesia
católica poseía en México casi la mitad de las tierras de cultivo, y las que
no le pertenecían pagaban cuantiosos censos o capellanías o en gran
parte estaban en manos de los terratenientes señoriales, que constituían
una especie de aristocracia enfeudada vinculada al clero por las leyes
canónicas y mediante el vínculo de las deudas.

Derrotada la contrarrevolución al término de la Guerra de Reforma,
la consolidación de las transformaciones revolucionarias y la pacifica-
ción total del país se complicó por la expedición militar tripartita enviada
por Francia, Inglaterra y España, quienes estaban determinadas a convertir a México en una virtual colonia, para obligarla a acceder a todas
sus reclamaciones y al pago de una onerosa deuda. En la práctica, como
muy bien analizó Carlos Marx en la prensa del viejo continente en aquellos precisos momentos, la intervención extranjera se proponía enviar "al
partido eclesiástico que está exhalando suspiros, nuevos refuerzos desde
Europa, en una empresa que él mismo calificara como una nueva Santa
Alianza y que definiera como de las más monstruosas empresas jamás
registradas en los anales de la historia universal".[5]

---

[5] Carlos Marx, "La intervención en México", en Manuel Galich, sel. y notas, *Benito
Juárez: pensamiento y acción*, La Habana, Casa de las Américas, 1975, pp. 464-471.

Como prueba de sus verdaderos objetivos colonialistas, a pesar de lo acordado en La Soledad, las tropas de Napoleón III se negaron a abandonar el país, no obstante el retorno a Europa del cuerpo expedicionario inglés y español. Para ello, el emperador francés se valió de la abierta complicidad de los conservadores mexicanos, quienes el 20 de abril de 1862 establecieron un gobierno servil encabezado por Juan Nepomuceno Almonte, que se prestó para solicitar formalmente el apoyo a Francia. Para este descendiente de Morelos convertido en portavoz de la rancia aristocracia conservadora aliada al clero, "la implantación del nuevo régimen será un negocio de un par de meses, porque como todos en México se levantarán como un solo hombre, cuando vean la bandera monárquica y que el país será fatigado de la tiranía de los rojos, no se necesita más de este tiempo".[6]

Mediante esta maniobra, como parte de su política expansionista que ya lo había llevado a aventuras colonialistas en el norte de África e Indochina, Napoleón III pretendió convertir a México en una especie de protectorado francés, para explotar directamente sus abundantes riquezas y recursos naturales. Unos días después de esos sucesos, comenzó la justa guerra del pueblo mexicano para expulsar de su suelo al invasor foráneo. El 12 de abril de 1862, en palabras de Juárez:

> el Gobierno de la República cumplirá el deber de defender la independencia, de rechazar la agresión extranjera y aceptar la lucha a que es provocado, contando con el esfuerzo unánime de los mexicanos y con que tarde o temprano triunfará la causa del buen derecho y de la justicia. Tengamos fe en la justicia de nuestra causa; tengamos fe en nuestros propios esfuerzos y unidos salvaremos la independencia de México, haciendo triunfar no sólo a nuestra Patria, sino los principios de respeto y de inviolabilidad de la soberanía de las Naciones.[7]

La impetuosa lucha de liberación nacional del pueblo mexicano hizo valederas las premonitorias palabras de Juárez del 28 de agosto de 1862: "sean cuales fueren los elementos que se empleen contra nosotros, no logrará ese gobierno la sumisión de los mexicanos, ni tendrán sus ejércitos un solo día de paz".[8]

Perdida la capital, el presidente Juárez se vio forzado, con todo su gobierno, a emprender un azaroso peregrinar —atiborrado de peligros y amenazas, en unos humildes carruajes— que lo llevó sucesivamente a San Luis Potosí, Saltillo, Monterrey, Chihuahua y, por último, a El Paso

---

[6] Ralph Roeder, *Juárez y su México*, México, FCE, 1972, p. 611.
[7] Galich, sel. y notas., *Benito Juárez* [n. 5], p. 116.
[8] *Ibid.*, p. 127.

en la frontera con Estados Unidos, para impedir la aniquilación o captura por parte del invasor del núcleo central de poder republicano, cuya supervivencia simbolizaba el mantenimiento de la resistencia frente al ocupante foráneo. Así, cuando marchaba rumbo al norte, convencido del significado que en estas dramáticas circunstancias había adquirido su figura indoblegable para la causa nacional, el presidente mexicano escribió a un íntimo amigo: "Dondequiera que yo esté, sobre la cima de una montaña, o en el fondo de una barranca, abandonado de todos, quizás, no dejaré de empuñar la bandera de la República hasta el día del triunfo".[9]

También la guerra contra el invasor extranjero, como ocurriera con anterioridad con la de Reforma, fue aprovechada por Juárez para profundizar en su programa revolucionario y democrático. En los años duros de la lucha contra los invasores franceses y el imperio de Maximiliano, Juárez decretó numerosas confiscaciones contra los traidores a la patria amparadas en su decreto del 25 de enero de 1862, con lo que afectó propiedades del sector más conservador de la aristocracia señorial. El 27 de marzo de 1865, por ejemplo, el gobernante republicano ordenó al general Mariano Escobedo: "En cuanto a los ricos que han auxiliado a la Intervención o que han aceptado algún mando deben ser confiscados sus bienes como lo manda expresamente la ley. Ahora es la oportunidad de que se destruya el monopolio que esos hombres tienen de inmensos terrenos con perjuicio de la agricultura y de los pueblos".[10]

De esos difíciles tiempos datan dos importantes medidas adoptadas por el presidente Juárez: el 16 de agosto de 1863 dispuso la confiscación de todos los bienes de los traidores a la patria; el 8 de noviembre de 1865, prolongó el periodo presidencial para evitar la división en el campo patriota, decreto al que se opusieron el ministro liberal Guillermo Prieto y el general Jesús González Ortega, que exigían cambiar la primera magistratura de la República en un momento en que hubiera hecho peligrar la estabilidad y la unidad nacional frente al imperio usurpador.

Cuidadoso en sus decisiones y respetuoso de la legalidad, el mandatario mexicano procedió siempre con cautela y sus más audaces decisiones, enfiladas contra el viejo orden heredado de la época colonial, se produjeron en el momento preciso, para no comprometer la causa de la defensa nacional. En su ideario se entrecruzaban dos concepciones, el democratismo radical y una filosofía liberal que le proporcionaba la estructura racional para defender, desde posiciones realistas, los intereses populares.

---

[9] Roeder, *Juárez y su México* [n. 6], p. 881.
[10] *Ibid.*, p. 181.

A diferencia de otros gobernantes liberales latinoamericanos de su generación que se proponían educar al pueblo —como el argentino Domingo Faustino Sarmiento, imbuido de una concepción elitista—, el adusto presidente de México pretendía liberarlo de la miseria, los abusos y la ignorancia, como claramente escribió el 11 de enero de 1861: "A cada cual según su capacidad y a cada capacidad según sus obras y su educación. Así no habrá clases privilegiadas ni preferencias injustas [...] Socialismo es la tendencia natural a mejorar la condición o el libre desarrollo de las facultades físicas y morales".[11]

La victoria definitiva del pueblo mexicano contra los colonialistas franceses y sus aliados conservadores —sancionados severamente para escarmiento de todo aquel que pretendiera aventuras semejantes en estas tierras— consolidó la existencia de México como nación independiente y confirmó la vigencia de las leyes anticlericales y antifeudales de la reforma liberal juarista, la más profunda y paradigmática de América Latina. Este verdadero hito revolucionario y anticolonialista conseguido bajo la conducción de Benito Juárez, considerado con justicia por el Congreso de la República Dominicana como Benemérito de las Américas, permanece como página indeleble en la atribulada historia de nuestro continente.

---

[11] Citado por Alberto Prieto, *La época de Juárez*, La Habana, Gente Nueva, 1985, pp. 70-71.

Juárez y el destierro (1853-1855)

Por *José* Herrera Peña

AL LLEGAR AL PODER POR ÚLTIMA VEZ en abril de 1853, el general Antonio López de Santa Anna detuvo, confinó y obligó a exiliarse a sus principales adversarios políticos, entre ellos, Melchor Ocampo, Benito Juárez, José María Mata y Ponciano Arriaga. Los cuatro eran hombres maduros, de la misma generación —se llevaban trece años de diferencia: Juárez, de cuarenta y siete, era el mayor; le seguían Arriaga de cuarenta y dos, Ocampo de treinta y nueve y Mata de treinta y cuatro.

El día 5 de octubre de 1853, a las dos de la tarde, Benito Juárez fue embarcado enfermo y con lujo de fuerza en el paquebote *Avon*, que partía a Europa.[1] Llegó a La Habana el 9 de ese mes y obtuvo la autorización del capitán general Cañedo para permanecer en la Isla hasta el 18 de diciembre, en que se embarcó a Nueva Orleáns. Llegó a su destino once días después. No dice en sus *Apuntes* si este viaje lo hizo en compañía de otros mexicanos. Ni siquiera habla de sus actividades durante el tiempo que vivió en el destierro. Los siguientes dieciocho meses de su vida los apretó en diez palabras: "Viví en esta ciudad hasta el 20 de junio de 1855".

Melchor Ocampo, por su parte, fue embarcado en noviembre, su hija con él, acompañado de Ponciano Arriaga y Juan B. Ceballos. No reseña su estancia en La Habana ni el tiempo que permaneció en ella, ni la fecha de su viaje a Nueva Orleáns; pero su firma aparece en un documento mercantil fechado en esta última ciudad el 9 de enero de 1854; lo que hace suponer que los exiliados se embarcaron en La Habana al

---

[1] "El gobierno del Gral. Santa Anna no me perdió de vista ni me dejó vivir en paz [...] a las diez de la noche [del 19 de septiembre] fui aprehendido por don José Santa Anna, hijo de don Antonio, y conducido al cuartel de San José, donde permanecí incomunicado hasta el día siguiente [...] se me sacó escoltado e incomunicado para el castillo de San Juan de Ulúa donde llegué el día 29 [...] Seguí incomunicado en el castillo hasta el día 5 de octubre a las once de la mañana en que el gobernador del castillo, don Joaquín Rodal, me intimó la orden de destierro para Europa entregándome el pasaporte respectivo. Me hallaba yo enfermo [...] y le contesté al gobernador que cumpliría la orden que se me comunicaba luego que estuviese aliviado; pero se manifestó inexorable diciéndome que tenía orden de hacerme embarcar en el paquete inglés *Avon* que debía salir del puerto a las dos de la tarde de aquel mismo día y sin esperar otra respuesta, él mismo recogió mi equipaje y me condujo al buque", Benito Juárez, *Apuntes para mis hijos*, en Jorge L. Tamayo, sel. y notas, *Benito Juárez: documentos, discursos y correspondencia*, México, Libros de México, 1972, tomo I, pp. 183-187.

mismo tiempo, es decir, el 18 de diciembre, y llegaron a Nueva Orleáns el 29 de ese mes.[2]

El caso es que hicieron grupo. Ahora bien, la vida forzada en otro país, con recursos o sin ellos e independientemente de las satisfacciones que origine, no deja de ser amarga. Un hombre fuera de su patria —decía Martí— es como un árbol en el mar. Por otra parte, la dictadura había confiscado sus propiedades, como a Ocampo. Les era difícil obtener créditos personales. Los exilados confiesan haber padecido momentos de penuria. Aunque siempre hay altibajos en la vida, en el exilio los altos suelen ser pocos; los bajos, muchos, y los efectos de ambos, alucinatorios o devastadores. En este caso, lo peor fueron las enfermedades: Juárez contrajo fiebre amarilla; Ocampo sufrió una apoplejía y pescó una bronconeumonía, y Mata, además de problemas con su bazo, cayó en una profunda depresión nerviosa. Fue un milagro que aquellos no murieran o que éste no enloqueciera.

Desde su llegada a Nuevo Orleáns, Ocampo propuso a los emigrados dividirse en dos grupos. Uno se quedaría en esta ciudad para vigilar el curso de los acontecimientos políticos en el centro y sur de México, y otro se trasladaría al poblado de Brownsville para promover en el Norte el descontento contra la dictadura santanista. Juárez y los demás emigrados decidieron permanecer en la noble, elegante y hermosa Nueva Orleáns, estado de Louisiana, para atender los vaivenes de la revolución del sur acaudillada en el estado de Guerrero por Juan Álvarez y secundada por Ignacio Comonfort. Arriaga y Ocampo, por su parte, sentaron residencia en el modesto y gris pueblo de Brownsville, en la frontera de Texas con México, para promover la revolución en los estados norteños de Nuevo León, Coahuila y Tamaulipas, a fin de convertir en nacional lo que no era más que un movimiento local. Mata viajó de un lado a otro para llevar a cabo varias comisiones, sin desaprovechar la oportunidad de cortejar a Josefina.

En sus ratos de ocio, Ocampo se dedicaba a escuchar a su hija Josefina tocar el piano, a cultivar plantas, flores y hortalizas en el jardín de su casa en Brownsville, y a pedir a Juárez y Mata que le enviaran plantas, semillas y noticias desde Nueva Orleáns —que éstos siempre hicieron con amabilidad y rapidez; pero organizó a los exiliados, estable-

---

[2] A diferencia de otros, que señalan que Juárez viajó primero y luego los demás, o quizá todos al mismo tiempo, Josefina Zoraida Vázquez dice lo contrario: que Juárez "pasó a Nueva Orleáns, donde se habían asilado Melchor Ocampo, Ponciano Arriaga y José María Mata", sin ofrecer ningún dato que fundamente su afirmación, Josefina Zoraida Vázquez, *Juárez el republicano*, México, SEP, 2005.

ció en su momento una junta revolucionaria, la enriqueció con sus ideas, proyectos y propuestas, e hizo sentir el peso político del grupo en los asuntos nacionales. Juárez, por su parte, se dedicó en Nueva Orleáns a profundizar sus estudios de Derecho Constitucional y a escribir las primeras páginas de su autobiografía, que tituló *Apuntes para mis hijos*. El oaxaqueño creía que a los cuarenta y ocho o cuarenta y nueve años de edad había llegado al fin de su vida. No sospechaba que apenas comenzaba.

En el exilio estos mexicanos —y otros que compartieron sus esfuerzos— se enfrentaron a problemas tales como la venta de La Mesilla; los intentos de anexión de Baja California; el proyecto de creación de la "República de la Sierra Madre", y la independencia del estado de Guerrero; pero encontraron fórmulas para preservar la integridad territorial de la nación —salvo en el asunto de La Mesilla— y procedimientos para encender y propagar con su organización así como con sus ideas, sus actividades y sus bienes, la oposición armada contra la dictadura santanista, hasta lograr su caída, dos años después de su reclusión y destierro.

* * *

A los desterrados les preocupaban dos cosas fundamentales: la dictadura de Santa Anna y los diversos proyectos para segregar trozos del territorio a la soberanía nacional. Por una parte, el gobierno santanista había resuelto vender La Mesilla, valle en el que se habían refugiado —principalmente en Tucson— los mexicanos expulsados en 1848 de Nuevo México y Arizona. Dicha venta permitiría al dictador hacerse de recursos para hacer frente a la situación. Por otra, se decía que Santiago Vidaurri, en proceso de ampliar su dominio político en Nuevo León, quería debilitar la dictadura de Santa Anna dejándole sólo la mitad (más grande) de la República Mexicana. Su presunto plan era crear una unidad política con los estados de Tamaulipas, Nuevo León, Coahuila, Chihuahua, Sonora y Baja California; convertir esta unidad en una república independiente entre México y Estados Unidos con el nombre de "República de la Sierra Madre", y solicitar posteriormente su anexión a Estados Unidos.[3]

Así, pues, a pesar de que Santa Anna tenía el país bajo su puño de hierro, la situación era caótica y las amenazas de secesión se dejaban

[3] Doc. 58, José María Carvajal a Melchor Ocampo, La Joya, agosto 17 de 1855 (documento datado erróneamente en 1853), en Melchor Ocampo, *Obras completas*, tomo IV, *Documentos políticos y familiares, 1852 a 1858*, Morelia, Comité Editorial del Gobierno de Michoacán, 1986, pp. 76-77.

sentir por todas partes. En diciembre de 1853 concluyeron las negociaciones sobre la venta de La Mesilla y, sin que nadie se lo haya pedido, el gobernante mexicano concedió a Estados Unidos el derecho de paso *ad perpetuam* por el Istmo de Tehuantepec.[4]

Por otra parte, el gobierno norteamericano quería recorrer sus fronteras hacia el sur. El proyecto de la "República de la Sierra Madre" era el más ambicioso de otros siete u ocho.[5]

El trozo territorial de La Mesilla, equivalente a la tercera parte del estado de Sonora, era relativamente pequeño (originalmente casi 120 000 km², que fueron reducidos por el Senado norteamericano a menos de 80 000 km²); en cambio, la "República de la Sierra Madre" era gigantesco; aquél era el producto de una compraventa, por la que se obtendrían

---

[4] Al llevarse a cabo las negociaciones sobre el Tratado de Guadalupe Hidalgo, firmado en 1848, el gobierno de Estados Unidos había ofrecido a México una indemnización de quince millones de dólares por los territorios de Nuevo México y California, y otros quince si se concedía y se garantizaba "para siempre" al gobierno y ciudadanos de Estados Unidos "el derecho de transportar a través del Istmo de Tehuantepec, ya sea por tierra o por agua, y libre de todo pago o gravamen", cualquier artículo natural o manufacturado, así como el derecho de libre paso "a todos los ciudadanos de Estados Unidos" por dicho Istmo. Los representantes mexicanos estuvieron de acuerdo en cederle los territorios del norte, pero no el paso por el Istmo. En esa época en Nuevo México y las Californias, la alta y la baja, había sólo 90 465 habitantes frente a 500 300 en Oaxaca. Sin embargo, en 1854, el gobierno norteamericano hizo un negocio redondo al pagar al gobierno santanista diez millones de pesos por las dos cosas al mismo tiempo: el tránsito de sus ciudadanos y sus artículos por el Istmo de Tehuantepec, cinco millones menos que lo ofrecido en 1847, y gratis, por así decirlo, la nueva franja del territorio mexicano conocida con el nombre de La Mesilla.

[5] Santiago Gadsden, nuevo embajador de Estados Unidos, al llegar a México el 13 de mayo de 1853 —veintitrés días después del ascenso de Santa Anna al poder—, estaba autorizado por Washington para ofrecer cincuenta millones de dólares si el gobierno mexicano accedía a cederle Coahuila, Chihuahua, Sonora y Baja California; treinta y cinco millones por el mismo territorio, sin Baja California; treinta millones por el mismo territorio, reducido a la mitad, pero con Baja California; veinte millones por el mismo territorio reducido casi a la mitad, sin Baja California, y quince millones por más de la tercera parte de Sonora, que incluía el valle de La Mesilla etc. Estas cantidades contrastan con los ciento treinta millones que Washington estaba dispuesto a pagar a España por la adquisición de la isla de Cuba. Gadsden no llevaba ninguna oferta por la vía interoceánica a través del Istmo de Tehuantepec. Fue Santa Anna quien planteó el tema en las negociaciones sobre la opción de La Mesilla, probablemente para duplicar su precio; pero al sancionarse el acuerdo, ocurrió lo contrario: el Senado norteamericano, a propuesta de los senadores de los estados del norte, redujo la indemnización de quince a diez millones de dólares. Véanse los documentos correspondientes en Marcela Terrazas Basante, *Inversiones, especulación y diplomacia: las relaciones entre México y Estados Unidos durante la dictadura santanista*, México, UNAM, 2000.

algunos millones de dólares, y éste, una cesión gratuita, por decirlo así; por último, en La Mesilla vivían unos cientos de mexicanos, y en la "República de la Sierra Madre", cerca de quinientos ochenta y dos mil. Así que, visto desde este ángulo, el proyecto santanista no era tan malo como el supuesto proyecto vidaurrista.

* * *

Repentinamente, el 1° de marzo de 1854 estalló el pronunciamiento militar de corte liberal bajo los lineamientos del *Plan de Ayutla* y la jefatura del general Juan Álvarez. El sur de México, por consiguiente, volvió a cobrar importancia para los desterrados. Ponciano Arriaga y Melchor Ocampo —con su hija— dejaron Brownsville de inmediato y regresaron a Nueva Orleáns. El norte tendría que esperar. Benito Juárez y José María Mata los recibieron complacidos; sobre todo Mata, que volvió a cruzar miradas con Josefina...

Los desterrados de Brownsville y Nueva Orleáns se reorganizaron, reconocieron la jefatura del general Juan Álvarez y trataron de dificultar o dañar el proceso de aprobación del Tratado de La Mesilla, no sólo porque incluía la venta de una franja del territorio de la República sino también porque se concedía el derecho de paso a ciudadanos y mercancías norteamericanas por el Istmo de Tehuantepec.[6]

Aunque el presidente Santa Anna y el embajador norteamericano Santiago Gadsden habían firmado dicho tratado el 30 de diciembre anterior, Ocampo designó al señor Robles el 4 de marzo de 1854 para que aprovechara las contradicciones políticas e interempresariales norteamericanas en juego, e hiciera las gestiones conducentes ante el Senado de Washington, "en nombre de la mayor parte de los mexicanos desterrados", a "fin de suspender o entorpecer" su ratificación. Los senadores debían pensar, primero, que el fermento que empezaba a hacerse sentir en México, principalmente en el estado de Guerrero, no dejaría de crecer

---

[6] El presidente Santa Anna dijo a Percy W. Doyle, embajador de Gran Bretaña, que, por los informes de su embajador en Washington, Juan N. Almonte, estaba convencido que si no accedía a vender el valle de La Mesilla a Estados Unidos, las tropas norteamericanas lo tomarían por la fuerza. Tal había sido la razón por la que giró una orden secreta al general Trías para que se retirara de este valle, "porque el gobierno no quería ni podía oponer resistencia". Sin embargo, ésta no era más que una excusa ante el gobierno de Su Majestad británica para justificar la cesión del territorio nacional. Por eso el Departamento de Estado, al enterarse de las quejas de Santa Anna, aclaró que el gobierno de Estados Unidos había propuesto una generosa suma por las concesiones recibidas y que "México era tan libre para aceptar como para rechazar el acuerdo", *ibid*.

hasta que cayera Santa Anna, y segundo, que si se aprobaba el Tratado de la Mesilla, "no por eso se perpetuará en México el actual sistema, pero sí conseguirá aplazar su caída".[7]

Poco faltó al señor Robles para que alcanzara su propósito. Lo único que logró fue que el Senado redujera en un tercio la franja territorial transferida y bajara la indemnización de quince a diez millones de dólares; pero por treinta y tres votos contra trece se aprobó el tratado.[8] Y aunque se esperaba que Santa Anna no lo ratificara por haberse rebajado la indemnización, lo ratificó.[9] A pesar de este fracaso, los esfuerzos

---

[7] Doc. 71, Comunicado de Melchor Ocampo a M. Robles, Nueva Orleáns, marzo 4 de 1854, en Ocampo, *Obras completas* [n. 3], pp. 94-96.

[8] Requiriéndose el voto de las dos terceras partes del Senado para la aprobación del tratado, si Robles hubiera podido disuadir a tres senadores del sur, la votación hubiera sido de treinta contra dieciséis y se hubiera desechado. Por cierto, al conocer los términos en que había sido aprobado dicho tratado, Santa Anna expresó al embajador de Gran Bretaña, Percy W. Doyle, que la cláusula que hacía referencia a Tehuantepec "era humillante", porque equivalía a establecer un "protectorado norteamericano" en dicha zona, y que "nunca podría firmar tal documento". Sin embargo, Alfred R. Conkling, enviado extraordinario y ministro plenipotenciario de Estados Unidos en México —antes que Santiago Gadsden—, había informado a su gobierno que el promotor de la idea de conceder a Estados Unidos un paso por el Istmo de Tehuantepec había sido el propio Santa Anna, a los pocos días de asumir la presidencia, no él. Parece, pues, que lo humillante no era la cláusula sobre Tehuantepec sino que se hubiera reducido la indemnización. De cualquier manera, el embajador británico Doyle informó a su gobierno que no creía que Santa Anna rechazara el tratado. Tendría que firmarlo porque necesitaba los recursos para hacer frente a la amenaza de Ayutla. Más tarde, el 28 de junio de 1854, por ciento tres votos contra sesenta y dos, la Cámara de Representantes de Estados Unidos aprobaría la asignación presupuestal para pagar a México la indemnización de diez millones de dólares, y el 4 de julio siguiente, el embajador Juan N. Almonte recibiría la primera parte de dicha indemnización, que fue de siete millones. Los otros tres, correspondientes a la segunda parte, no alcanzaría a cobrarlos la administración.

[9] El Tratado de La Mesilla fue ratificado por Antonio López de Santa Anna el 31 de mayo y por el presidente de Estados Unidos el 29 de junio de 1854. El canje de ratificaciones se llevó a efecto el 30 de junio. Aún mantiene su vigencia, salvo el artículo 8, que fue derogado por las altas partes contratantes en abril de 1937, bajo los gobiernos de Franklin D. Roosevelt y Lázaro Cárdenas. El derogado artículo 8 hacía referencia al compromiso de México de construir una vía de comunicación por el Istmo de Tehuantepec, conceder libre tránsito a ciudadanos y bienes norteamericanos por dicha vía y celebrar "un arreglo para el pronto tránsito de tropas y municiones de los Estados Unidos que este gobierno tenga ocasión de enviar de una parte de su territorio a otra situadas en lados opuestos del continente". Los elementos de este artículo fueron replanteados agresivamente por el embajador McLane en 1859 con el fin de ampliarlos en el llamado Tratado McLane-Ocampo, pero el canciller mexicano Melchor Ocampo manejó magistralmente dichos elementos, uno a uno, con gran tacto diplomático, de tal suerte que durante las negociaciones todo lo ganó —reconocimiento diplomático, alianza política y apoyo militar— a

de los emigrados desarticularon el intento santanista de transferir Baja California a Estados Unidos.[10]

* * *

TRES meses después, el grupo de desterrados volvió a dividirse para dos efectos prácticos. Primero, evitar que la rebelión del sur quedara reducida a un simple pronunciamiento militar, de carácter local, y hacer lo posible por profundizarla y ampliarla hasta transformarla en una revolución popular y nacional. Segundo, producir chispas que incendiaran las praderas del norte de México. Luego entonces, como se había hecho en enero y febrero de ese año, una parte debía permanecer en Nueva Orleáns y estar al pendiente de los acontecimientos del centro y sur de México, mientras la otra regresaba a Brownsville para vigilar y sublevar el Norte.

Con el fin de vincular al sur de México con los desterrados, Ignacio Comonfort había enviado a Miguel María Arrioja, con instrucciones de actuar de acuerdo con ellos. Para completar el círculo, Ocampo quiso despachar a un representante del grupo exiliado ante las fuerzas revolucionarias de Juan Álvarez y Comonfort. ¿Podría el señor Robles —previamente comisionado para suspender o entorpecer el Tratado de La Mesilla— trasladarse a México, a territorio guerrerense, "ya para organizar relaciones y fuerzas, ya para dirigir cierta parte de los aconteci-

---

cambio de nada. Autorizado por los presidentes de ambos países, el Senado norteamericano se negó a aprobarlo, y cuando pareció dispuesto a hacerlo, el presidente Juárez ya no lo ratificó.

[10] Por una ironía del destino, cuatro años después, siendo Melchor Ocampo secretario de Relaciones Exteriores del gobierno de México a cargo del presidente Benito Juárez, Robert McLane, representante de Estados Unidos, reclamó abiertamente el territorio de Baja California, y aquél se opuso categóricamente a incluir tal cláusula en el Tratado McLane-Ocampo. Al principio, el 4 de abril de 1859, el embajador propuso "un cambio de la línea divisoria, de modo que se incluya el territorio de Baja California dentro de los límites de Estados Unidos"; el 8 de junio siguiente, el gobierno norteamericano aprobó que el proyecto "estipule la cesión del territorio de Baja California a Estados Unidos por una cantidad pecuniaria determinada"; pero el 19 de agosto McLane hizo constar que "el señor Ocampo, en su contra-proyecto, rehusó "de un todo, no tratar sobre la cuestión de cesión de territorio". Así quedó la negociación: ya no volvió a tratarse este asunto; Doc. 15, McLane pone las cartas sobre la mesa, Veracruz, abril 4 de 1859; Doc. 42, Resumen de lo tratado por Ocampo y McLane el 8 de junio de 1859; y Doc. 84, No acepta el gobierno estadounidense el contraproyecto de Ocampo, Memoria, agosto 19 de 1859, en Ocampo, *Obras completas* [n. 3], tomo v, *Documentos políticos y familiares, 1859 a 1863*, pp. 25-26, 73-75 y 183-185, respectivamente.

mientos"? Le agradeció que le informara "si la situación personal de usted y su voluntad" se lo permitían.[11]

Aparentemente, Robles no pudo cumplir su nuevo cometido. De cualquier forma, en los primeros días de junio de 1854, Ocampo, su hija Josefina y Ponciano Arriaga viajaron otra vez de Nueva Orleáns a Brownsville. Ahora José María Mata se sumó a ellos para viajar a distintas ciudades y pueblos situados a las orillas del Río Bravo, comisionado por Ocampo, y de paso, para estrechar sus lazos sentimentales con la niña. Al llegar a su destino, Arriaga recibió a su familia.

Juárez, por su parte, permaneció con los otros expatriados en Nueva Orleáns y recibió la visita de su cuñado, pero es como si se hubiera quedado solo. Ralph Roeder describe el estado de ánimo que lo invadió. La ausencia de Ocampo

> dejó un vacío sensible en la casa de huéspedes que servía de cuartel general a los desterrados, y la correspondencia cruzada con Brownsville sería la relación monótona de días sin novedad y sin sabor. No más irrupciones en el consulado mexicano; no más protestas y profesiones de fe; no más sesiones acaloradas ni discusiones exaltadas; no más proyectos de reformas, a las que se prestaba una actividad y una importancia ilusorias. Faltaba Ocampo. Faltaba el porvenir.[12]

* * *

MELCHOR Ocampo y Benito Juárez se mantuvieron en guardia durante los doce largos meses que corrieron de junio de 1854 a junio de 1855. Las noticias sobre los avances, estancamientos o retrocesos de la revolución del sur eran transmitidas por Juárez a Brownsville, y las del fomento a la revolución del norte, por Ocampo a Nueva Orleáns. El correo de un lugar a otro se hacía puntualmente cada semana por vía marítima. Los vapores recorrían el Golfo de México de Nueva Orleáns a Brownsville, así como de Nueva Orleáns a Veracruz, directamente y a través de La Habana, y viceversa, llevando mercancías, pasajeros, periódicos, correspondencia y rumores.

Durante el segundo semestre del año, ambos grupos desplegaron una intensa actividad. José María Mata viajó a distintos lugares a orillas del Río Bravo, comisionado por Ocampo, y varios meses después regresó a Nueva Orleáns. En diciembre de 1854, un plebiscito que se llevó a

---

[11] Doc. 71, Melchor Ocampo a M. Robles, Nueva Orleáns, marzo 4 de 1854, en Ocampo, *Obras completas* [n. 3], tomo IV, pp. 94-96.

[12] Ralph Roeder, *Juárez y su México*, México, FCE, 1991, p. 168.

cabo en México prorrogó indefinidamente la dictadura *de facto* y facultó a Santa Anna para designar sucesor. Así que Santa Anna se volvió presidente vitalicio por voluntad popular.[13]

Al iniciarse 1855 la guerra de guerrillas en Tamaulipas, Nuevo León y Coahuila aún no prendía. A pesar de que los comerciantes de ambos lados de la frontera estaban dispuestos a financiarla, seguía en punto muerto. Chispas no faltaban, pero éstas no incendiaban las praderas.[14] En cambio, los fuegos que ardían aislados en los territorios de Guerrero, Michoacán, Jalisco, Guanajuato, Querétaro y Oaxaca empezaban a propagarse y a vincularse entre sí. La Ciudad de México estaba conmocionada.

El 28 de febrero de 1855 los desterrados de Nueva Orleáns consideraron llegado el momento de regresar a México. Estaban indignados. La revolución no había triunfado todavía, pero tampoco había necesidad de ello. Benito Juárez, José María Mata, José María Gómez, José Dolores Cetina, Miguel María Arrioja, Manuel Cepeda Peraza y Guadalupe Montenegro dirigieron un comunicado a Ocampo y Arriaga, en el que les hacen saber que "deseosos de cooperar al triunfo de la guerra, hemos acordado uniformemente trasladarnos al campo de la revolución, para

---

[13] "Vencido el plazo de un año para reunir el Constituyente y expedir la Constitución, nada se había hecho al respecto. Pero a moción de Guadalajara, confirmada posteriormente en un plebiscito de diciembre de 1854, se prorrogó indefinidamente a Santa Anna el ejercicio de la dictadura y se le facultó para designar sucesor", Felipe Tena Ramírez, *Leyes fundamentales de México*, Porrúa, México, 1989, p. 481. Según el *Diario oficial*, se convocaron juntas populares que votaron en presencia y bajo la vigilancia de las autoridades, y por 435 530 contra 4 075 votos, Santa Anna fue electo presidente vitalicio. Dice Zarco que los empleados que no votaron por la prórroga de la dictadura fueron destituidos, Francisco Zarco, *Crónica del Congreso Extraordinario Constituyente 1865-1857*, México, 1957, p. 122.

[14] "La guerra civil en el norte no ganaba hombres ni trincheras; pues Mata veía formar un grupo de insurrectos para asistir a la desbandada de otro. Tampoco había podido el señor Ocampo atraer a su lado a los viejos guerrilleros mexicanos asilados hacía años en territorio de Texas. Por último, todos los intentos para publicar un periódico con el cual pudiera alentar el espíritu de rebelión, habían fracasado", José C. Valadés, *Melchor Ocampo, reformador de México*, México, Cámara de Diputados, 1972, p. 138. Por otra parte, las insistentes reclamaciones de Díez de Bonilla para que el gobierno norteamericano impidiera el paso de filibusteros y aventureros por la frontera —aludiendo a las fuerzas organizadas de los exiliados de Brownsville—, fueron desatendidas por Washington, porque no había habido —al menos hasta ese momento— ningún paso. Incluso llegó a respondérsele que si creía que había algún grupo armado en territorio norteamericano con el propósito de desestabilizar al gobierno mexicano y éste quería evitar su paso, debía proteger la frontera con sus propias fuerzas, en su propio territorio.

desde allí prestar los servicios que estén a nuestro alcance", y les pidieron que unieran su suerte a la de ellos.[15]

Juárez escribió a Ocampo una carta aparte —en la misma fecha— en la que señala que "la presencia de usted y del amigo el señor Ponciano Arriaga en el teatro de la revolución, será bastante para que el espíritu público se aliente. Tal es la convicción que tengo y por ese motivo he unido mi voto al de los demás amigos".[16]

Los exiliados de Nueva Orleáns tenían razón. Y aunque no la tuvieran, los de Brownsville no podían ni querían, ni debían desairarlos. Eran sus compañeros de exilio. Necesitaban regresar con ellos a la patria. Pero, al mismo tiempo, todos los análisis políticos de Ocampo lo llevaban a la conclusión de que lo que ellos hicieran en el destierro sería de mayor trascendencia que su presencia en Guerrero. Por lo pronto, no contestó.

Juárez insistió en el regreso. El 14 de marzo de 1855 ofreció a Ocampo que al día siguiente iría a bordo del (buque) *Nautilus* para entregar al señor Andrés Treviño —que iba a regresar a Brownsville— las plantas que le había encargado. "Se las remito en la misma forma que me las dio nuestra casera, porque dice que así llegarán útiles para reimplantarse". También le envió unos periódicos "para que se imponga del estado que guarda la revolución".[17] Y aprovechó la ocasión para recordarle la invitación que se le había enviado dos semanas atrás para regresar juntos a la patria. "A más de una carta que dirigimos a usted y al amigo Arriaga en el correo anterior, firmada por todos los proscritos residentes en esta ciudad, yo le escribí a usted en lo particular. Supongo que esas cartas estarán ya en su poder y se habrá convencido de que no lo olvidamos sus amigos. El objeto es invitarlo para irnos a Acapulco a prestar el auxilio que cada uno pueda para impulsar la revolución. Estamos esperando que ustedes nos contesten".[18]

Miguel María Arrioja, por su parte, informó a Ocampo en la misma fecha que varios amigos se habían reunido en Nueva Orleáns con Enrique Dillon a fin de persuadirlo de que "nos prestara la cantidad que se

---

[15] Doc. 97, Juárez, Mata, Gómez, etc. a Melchor Ocampo y Ponciano Arriaga, Nueva Orleáns, febrero 28 de 1855, en Ocampo, *Obras completas* [n. 3], pp. 145-146. Benito Juárez agrega en sus *Apuntes para mis hijos* el nombre de Guadalupe Montenegro, a pesar de que éste no obra en el comunicado original, y los exiliados, al responder a la carta en la que se les invitó a regresar a México, lo citan en primer lugar.

[16] Doc. 96, Benito Juárez a Melchor Ocampo, Nueva Orleáns, febrero 14 de 1855, en *ibid.*, pp. 144-145.

[17] Doc. 100, Benito Juárez a Melchor Ocampo, Nueva Orleáns, marzo 14 de 1855, en *ibid.*, pp. 148-149.

[18] *Ibid.*

necesita para un nuevo pronunciamiento en la frontera" e influyera en los principales comerciantes de Brownsville "para que, haciendo lo mismo, se reúna la suma de 25 o 30 mil pesos, que se ha calculado suficiente para la empresa, bajo el concepto de que el contrato ha de ser autorizado por mí, como representante del general Juan Álvarez, en lo cual, por supuesto, estoy conforme". Los prestamistas debían dar a los exiliados el dinero en efectivo contra un recibo por una cantidad mayor que, en ningún caso, pasara del doble, y sin causar rédito alguno. Así que se firmarían créditos por cincuenta o sesenta mil pesos, que serían pagados por la nación a través de los derechos de importación que causaran los efectos que los acreedores introdujeran a México por las aduanas de los estados fronterizos que secundaran el Plan de Ayutla. Siendo imposible para Arrioja viajar con Dillon al día siguiente, pidió a Ocampo y a Arriaga que celebraran el contrato con dichos comerciantes, "seguros de que yo he de ratificar con el poder que tengo lo que ustedes hagan, con más gusto y confianza que si lo hiciera yo mismo, con cuyo objeto me tendrán allí en el próximo viaje de vapor". [19]

Esta noticia cayó como anillo al dedo a Ocampo, no tanto por la necedad de Arrioja de querer convertirlo en su auxiliar financiero en el jugoso negocio del agio a costa de la nación, cuanto porque le daba la excusa para destacar la importancia de Brownsville en el proceso revolucionario nacional. Así que Ocampo y Arriaga contestaron a sus colegas de Nueva Orleáns. Les agradecieron la invitación para regresar. Arriaga, "aterido de frío por el *Norte* actual", pareció ceder: "Me iré tan luego como ustedes lo determinen". Ocampo, en cambio, que se había resistido en su fuero interno a dejar las cosas a medias en el Norte, aprovechó el comunicado de Arrioja para replantear el asunto bajo otra perspectiva y recordó a sus colegas que su encargo "nos hace presumir que algunos de ustedes piensan, como nosotros, que lo que aquí se haga contra el usurpador será de más importantes resultados que nuestra sola presencia en Guerrero". [20]

Y, en efecto, estaba a punto de relanzar la revolución en el norte. Había encontrado —por fin— a un gran aliado, José María Carvajal, "hombre casi siempre avinagrado, partidario a veces del retraimiento, a

[19] Doc. 99, Miguel María Arrioja a Melchor Ocampo y Ponciano Arriaga, Nueva Orleáns, marzo 14 de 1855, en *ibid.*, pp. 147-148.

[20] Doc. 101, Ponciano Arriaga y Melchor Ocampo a G. Montenegro, José María Gómez, José P. Cetina, Miguel María Arrioja, Manuel Cepeda y Peraza, José María Mata y Benito Juárez, Brownsville, marzo 21 de 1855, en *ibid.*, pp. 149-150.

veces de la violencia", que no pidió más que "dos quintales de pólvora y seis de plomo para avituallar la vanguardia".[21] Ocampo le dio todo su capital: setecientos pesos. "No me reservo más que cien —le dijo—, con los que podré vivir dos meses; después cada uno verá qué hace".[22]

Así que Ocampo decidió no dejar Brownsville para ir a Acapulco. Además, ya no pudo hacerlo. En esos mismos días sufrió un derrame cerebral.[23] Las tensiones, necesidades, desvelos, deudas, preocupaciones, ayunos, abstinencias, todo había hecho su obra y fue víctima de un ataque de apoplejía. No tenía a nadie para atenderlo, salvo a su hija Josefina, pero el clima y el susto la afectaron tanto que también cayó enferma. Fueron momentos angustiosos y difíciles. Carvajal se preocupó por el estado de salud de Ocampo. El 27 de abril de 1855 le confesó que estaba muy intranquilo "por la incertidumbre y el temor de que se haya agravado su enfermedad", y le informó que había recorrido "de ochenta a cien leguas por estos desiertos", que no le faltaban adhesiones "aunque muchos desmayan al no ver dinero".[24]

Inesperadamente, en lugar de ir a Brownsville a gestionar los créditos ofrecidos, Miguel María Arrioja arrojó un balde de agua a las débiles llamas que intentaban incendiar las desérticas praderas del Norte.

Había recibido cartas de Acapulco con noticias sumamente patéticas, desagradables y alarmantes, que transmitió a Ocampo de inmediato, transcribiéndole algunos "párrafos de dos cartas de Nacho Comonfort, a fin de que se imponga a fondo del estado verdadero que guarda la revolución en aquel rumbo, de las esperanzas que aún existen sobre mejorar

---

[21] "Embarca don Melchor, acompañado de don Andrés Treviño, el 31 de marzo, a bordo de El Comanche. Dirígese a Río Grande City. De allí sigue a La Joya. Habla con Carvajal", Valadés, *Melchor Ocampo, reformador de México* [n. 14], p. 144.

[22] Anastasio Zerecero, en su *Biografía del C. Benito Juárez*, respaldada por Matías Romero, relata que Carvajal dijo a Ocampo que no podía impulsar el movimiento porque carecía de dinero. Ocampo se dirigió a la tienda de Treviño y le preguntó: "¿Cuánto es lo que tengo en poder de usted?". Y éste le respondió: "ochocientos pesos". "Pues déme setecientos". Y entregando el dinero a Carvajal, le dijo: "He aquí cuanto puedo dar a usted para que se lance a la revolución. No me reservo más que cien pesos, con los que podré vivir dos meses. Después cada uno verá qué hace", Angel Pola, comp., *Benito Juárez*, tomo I, *Exposiciones (cómo se gobierna)*, México, INEHRM, 1987, pp. 41-42.

[23] "Me apesadumbró el ataque apopléjico que tuvo usted [...] siempre temo porque esa maldita enfermedad puede repetir varias veces [...] evítese de comer cosas y limítese a sólo verduras", Doc. 115, B. Villanueva a Melchor Ocampo, Pomoca, mayo 30 de 1855, en Ocampo, *Obras completas* [n. 3], pp. 164-165.

[24] Doc. 103, José María Carvajal a Melchor Ocampo, La Joya, abril 27 de 1855, en *ibid.*, p. 151.

la situación y de lo que en último caso se piensa hacer".[25] Le informó el 2 de mayo, desde Nueva Orleáns, que la revolución sureña había ido en declive.[26] La escasez de recursos pecuniarios era absoluta. El buque *Bustamante* nunca había llegado con las municiones y demás útiles que Comonfort había gestionado en Nueva York, a pesar de "haber transcurrido ya 150 días, que hacen un tiempo doble del fijado en el compromiso con el conductor".[27] La revolución se había debilitado, según él, por "la indolencia de nuestros paisanos", aunque también por la indisciplina —casi deslealtad— de algunos de ellos, y dejó entender que Ocampo, en cierta forma, era el responsable indirecto de esta lamentable situación, porque Santos Degollado, uno de sus principales hombres, había debilitado el movimiento al pronunciarse por las *Bases Orgánicas* de 1843 —constitución centralista ilegítima—, a la vez que "el general Santa Anna piensa ya en restablecer ese sistema. En caso de que el estado de Guerrero quedare abandonado por el resto de la nación, aún le queda el justo y único recurso de *hacerse independiente*, sostener allí la bandera de la libertad y abrigar en su seno a todos los mexicanos que quieran ser libres".[28] Arrioja también informó que Benito Juárez y los demás mexicanos de Nueva Orleáns ya estaban listos para marchar a Acapulco el próximo 10 de mayo.

* * *

La noticia secesionista de Comonfort dejó anonadados a todos los exiliados y produjo la debacle. Mata, que estaba sano, enfermó; Juárez, que estaba decidido a regresar, recapacitó, y Ocampo, que estaba enfermo, sanó.

Mata quedó postrado. Su plan había sido ir a Brownsville por Ocampo y Josefina, regresar a Nueva Orleáns y navegar los tres a Acapulco; "pero las tristes noticias me impresionaron tan fuertemente que he estado por espacio de siete días con una fiebre nerviosa que me ha obligado a guardar cama. Estoy tan débil que hoy, que salí a la calle para un asunto, el movimiento del ómnibus me hizo desvanecer y por poco me caigo en la calle al apearme". El mundo se había vuelto tan vacilante

---

[25] Doc. 104, Miguel María Arrioja a Melchor Ocampo, Nueva Orleáns, mayo 2 de 1855, en *ibid.*, pp. 151-152.

[26] *El Diario oficial* del 15 de mayo publicó un texto que reseña: "Su Alteza Serenísima se retira de la campaña porque no hay contra quién hacerla".

[27] Doc. 104, Miguel María Arrioja a Melchor Ocampo, Nueva Orleáns, mayo 2 de 1855, en Ocampo, *Obras completas* [n. 3], pp. 151-152.

[28] *Ibid.*

para él, que no podía entender varios misterios. "¿Se habrá puesto Degollado de acuerdo con Santa Anna?". La grave enfermedad del dictador,
¿será resultado de algún complot de los conservadores "para deshacerse
del que quería venderlos?".[29]

Juárez, por su parte, se alegró al saber que Ocampo estaba
restableciéndose de sus males y le hizo saber que, pese a lo anunciado
por Arrioja sobre su inminente viaje a Acapulco, había reconsiderado su
decisión. Ya no tenía caso irse. El 16 de mayo le escribió: "Mi marcha no
ha tenido efecto por falta de recursos, que esperaba de mi casa. Haciendo esfuerzos pudiera vencer esta dificultad, pero hay otra más grave que
me obliga, si no a desistir completamente, a lo menos esperar". Había
previsto alcanzar Oaxaca con apoyo de los guerrerenses. "El amigo
Comonfort" lo había invitado a ponerse en marcha con una partida militar revolucionaria hacia Oaxaca. En tal caso, habría servido "de algo en
aquel Estado, donde tengo algunos amigos a quienes pudiera haber invitado con mi presencia para que auxiliasen el movimiento; pero dicha
acción fracasó", y dado que Comonfort mismo había anunciado que

> el sur se limitaría a sostener su independencia, claro que yo tendría que hacer nuevos
> sacrificios pecuniarios para regresar a esta ciudad [Nueva Orleáns] o algún otro
> punto fuera del territorio mexicano. Ya usted ve que mis circunstancias, como las de
> la mayor parte de los proscritos, no son para hacer estos gastos sin ninguna utilidad
> para nuestra causa. Sigo pues mi residencia en ésta y si me fuere conveniente pasar
> la estación próxima en otro punto de la república [Estados Unidos], se lo participaré
> oportunamente.[30]

* * *

Ocampo olvidó definitivamente el regreso a Acapulco y decidió que no
tenía tiempo ni derecho de enfermarse. Necesitaba hacer despegar a
breve plazo la revolución en el norte. No tenía nada, salvo su emoción y
el apoyo de algunos colegas, pero eso no sería obstáculo para lograrlo.
La unidad, la integridad, la existencia misma de la nación dependía de un
último y supremo esfuerzo...

El 22 de mayo, casi restablecido de los efectos del derrame cerebral
que lo había inmovilizado, el michoacano citó a Juan José de la Garza,

---

[29] Doc. 105, José María Mata a Melchor Ocampo, Nueva Orleáns, mayo 2 de 1855,
en *ibid.*, pp. 153-154.

[30] Doc. 107, Benito Juárez a Melchor Ocampo, Nueva Orleáns, mayo 16 de 1855, en
ibid., p. 155.

Ponciano Arriaga, Manuel Gómez y José María Mata —recién llegado—, y cedió la palabra al primero. De la Garza dijo que Santiago Vidaurri le había escrito el 17 de ese mes desde Villa Aldama, Nuevo León, para informarle que había decidido sumar sus fuerzas a la revolución; que el 19 emprendería la marcha sobre Monterrey ("adonde lo esperaban con los brazos abiertos") y que pedía a todos los mexicanos "del otro lado del río", es decir, a ellos, que se dirigieran a la capital de Nuevo León, con las fuerzas que dispusieran, a fin de acordar un plan digno de la causa.[31]

Por fin, las semillas sembradas durante un año con tanto esfuerzo por Ocampo en los desiertos, montañas, ciudades y villas fronterizas de Tamaulipas, Nuevo León y Coahuila, empezaban a producir sus frutos; no bajo su control directo, pero sí gracias a su influencia. Los alcaldes, gobernadores y generales de milicias, entre ellos, Ignacio Zaragoza y Mariano Escobedo, habían decidido actuar. Vidaurri se había visto obligado a ceder a la presión.

En todo caso, Ocampo manifestó que, sin conocer el movimiento de Vidaurri, "él se había ocupado en reunir y organizar algunos elementos bajo la dirección de José María Carvajal", quien casualmente se encontraba allí, en Brownsville, para adquirir suministros. Lo hizo pasar, lo presentó y le ordenó que, dada la situación, se pusiera en marcha "sin pérdida de tiempo para Monterrey". Cuando Carvajal se quejó porque "necesitaba urgentemente algunos recursos pecuniarios para comprar las armas que le faltaban y para auxiliar la fuerza que estaba a sus órdenes", Ocampo le dio quinientos pesos que recién le había enviado un amigo, le pidió que avanzara inmediatamente a su destino y le anticipó que por el camino recibiría más dinero.[32] Juan José de la Garza había estado organizando otro destacamento armado, pero ahora aceleró los trámites para ponerlo en movimiento.

En lo relativo al plan, Ponciano Arriaga dijo que era conveniente que ellos "se ocupasen en redactar el que deba proclamarse" y propuso que los cinco "se constituyesen en Junta Revolucionaria", cuyas finalidades fueran las de encargarse de "los trabajos relativos a la parte política de la revolución, arbitrar recursos, organizar fuerzas y, en fin, todo aquello que fuese conducente al triunfo de la causa". Al aprobarse su idea, se declaró instalada la Junta. Se eligió presidente a Ocampo, por aclamación, y a Mata secretario.[33]

---

[31] Actas de las sesiones de la Junta Revolucionaria Mexicana en Brownsville, Texas, 1855. Doc. 108, Sesión del día 22 de mayo de 1855, en *ibid.*, pp. 155-156.

[32] *Ibid.*

[33] *Ibid.*

Mata quedó encargado de procurar un préstamo de mil pesos para Carvajal en las condiciones que juzgase prudentes —atendidas las circunstancias—, de cuyo resultado debía dar cuenta en la siguiente sesión. Por otra parte, Ocampo nombró a Arriaga para elaborar el proyecto de plan. Se levantó el acta respectiva y fue firmada por los cinco miembros de la Junta.[34]

* * *

Al día siguiente, 23 de mayo, se efectuó la segunda sesión. En cuanto al crédito, Mata informó que había obtenido mil pesos. Se envió el dinero a Carvajal y se le reiteró que avanzara urgentemente a Monterrey. Por otra parte, Arriaga presentó un proyecto de plan por el que se desconoce al gobierno de Santa Anna. Después de prolongada discusión, el plan se aprobó.[35]

Constituida la Junta Revolucionaria Mexicana en Brownsville y a punto de desatarse los movimientos armados de Vidaurri, Carvajal y De la Garza en el norte de la República, Melchor Ocampo consideró llegado el momento de expresar tajantemente su oposición a los proyectos secesionistas guerrerenses, mediante carta datada el 20 de mayo de 1855 a Miguel María Arrioja, fundándola en "sólidas razones". Arrioja envió inmediatamente el original de la carta a Acapulco, se guardó una copia y se apresuró a contestarla. Minimizó el asunto y aclaró que "la independencia del estado de Guerrero" sólo había sido una idea "para un caso extremo y desesperado". Por consiguiente, "hoy nadie se acordará de ella ni se acalorará con esa pesadilla". Por otra parte, reconoció que después de catorce meses de expedido el plan de Ayutla, "la República está ya en plena conflagración general" y el triunfo se veía muy cerca, sobre todo si la dictadura "tiene o ha tenido ya un descalabro en Michoacán".[36]

Así que la supuesta responsabilidad de Ocampo para transar con Santa Anna a través de Santos Degollado no había sido más que una calumniosa insinuación. Después de todo, Arrioja reconocía expresa-

---

[34] La Junta Revolucionaria Mexicana de Brownsville llevó a cabo 13 sesiones en el periodo comprendido del 22 de mayo al 21 de junio de 1855.

[35] Actas de las sesiones de la Junta Revolucionaria Mexicana en Brownsville, Texas, 1855. Doc. 109, Sesión del día 23 de mayo de 1855, en Ocampo, *Obras completas* [n. 3], pp. 157-158.

[36] No se conoce este documento, pero Arrioja, al acusar recibo a Melchor Ocampo, hace referencia a su contenido, Doc. 114, Miguel María Arrioja a Melchor Ocampo, Nueva Orleáns, mayo 30 de 1855, en *ibid.*, pp. 163-164.

mente que el destino final de la revolución del sur no dependería de las fuerzas de Comonfort en Guerrero sino de las de Degollado en Michoacán y de los esfuerzos de Ocampo por desatar las fuerzas revolucionarias del norte.

* * *

LA vida de la Junta Revolucionaria Mexicana en Brownsville fue breve. Duró escasamente un mes, del 22 de mayo al 21 de junio de 1855, durante el cual se llevaron a cabo trece sesiones; pero la actividad que le imprimió Ocampo en ese tiempo fue vertiginosa y decisiva.

Todo lo que se había mantenido en estado latente tomó fuerza y se desbordó de un solo golpe. Las villas y pueblos regiomontanos empezaron a reconocer expresa y formalmente la jefatura del general Juan Álvarez al paso de Carvajal; Ponciano Arriaga redactó un "Manifiesto" al pueblo mexicano que se distribuyó de inmediato; Melchor Ocampo publicó un boletín de noticias titulado *Noticiero del Bravo*; Manuel Gómez partió a Monterrey como representante político de la Junta ante Santiago Vidaurri; se acordaron lineamientos de política general sobre dos asuntos: prisioneros de guerra y trato a corporaciones eclesiásticas; se atendió a oficiales europeos experimentados que ofrecieron sus servicios a la revolución y se les envió a los frentes de guerra; Juan José de la Garza se puso a la cabeza de los infantes y dragones que había organizado, y avanzó a marchas forzadas a Monterrey; se reconoció la jefatura política y militar de Vidaurri en el norte de la República y se cruzaron informaciones y propuestas entre la Junta de Brownsville y Vidaurri, por un lado, y entre ésta y Juan Álvarez, por otro.

José María Mata, por su parte, gestionó y obtuvo créditos conforme fueron aumentando las cargas pecuniarias de la Junta, en todos los cuales quedaron comprometidos los bienes personales de los conjurados si no eran pagados por la nación. De este modo, sin necesidad de gravar a la República con cincuenta o sesenta mil pesos, de los que únicamente se recibiría la mitad, como lo había recomendado Arrioja, la Junta se hizo de recursos suficientes en el momento oportuno —ni antes ni después— para financiar sus actividades revolucionarias, a un interés razonable. Los gastos de la Junta no llegarían a doce mil pesos y los intereses no pasarían de tres mil, para hacer un total inferior a quince mil. La organización y preparación de la revolución del norte ha sido probablemente una de las más baratas del mundo y de la historia.

* * *

A Benito Juárez en Nueva Orleáns le dio mucho gusto, "lo mismo que a los demás proscritos", que hubiera estallado el pronunciamiento revolucionario en Nuevo León.[37] El 30 de mayo de 1854 escribió a su "muy querido amigo y señor" Ocampo: "Ese movimiento creo que va a precipitar la caída de Santa Anna, porque se ha efectuado en el momento más oportuno, en que la revolución ha vuelto a aparecer con más vigor".[38]

En su octava sesión del 3 de junio, el presidente Ocampo expresó que sería muy satisfactorio que la Junta Revolucionaria tuviese en su seno al ciudadano Benito Juárez, pero que creía que su presencia en Acapulco sería de más utilidad a la causa pública, porque hallándose ya la revolución en una parte de Oaxaca, podría con su influencia extenderla a todo ese estado de la República. En tal virtud, propuso que se le remitieran doscientos cincuenta pesos para sus gastos de traslado, pero que se le dejara en libertad para que viajara a Acapulco, se incorporara a las actividades de los conjurados de Brownsville o procediera en el sentido que le dictaran su juicio y patriotismo. La propuesta fue aprobada.

El 21 de junio, al reunirse la Junta Revolucionaria por última vez, Mata informó que Benito Juárez había acusado recibo de los doscientos cincuenta pesos que la Junta le remitió y, al dar las gracias por el apoyo recibido, manifestó que marcharía a Acapulco si los medios de comunicación estaban expeditos, y si no, al lugar donde creyera que su presencia fuera de alguna utilidad. Se dispuso que se archivara dicho documento.[39]

Juárez se embarcó a Panamá, cruzó el istmo y al llegar a Acapulco se puso a las órdenes del general Juan Álvarez. A partir de entonces, se agigantaría su figura y empezaría a jugar un papel sobresaliente en los acontecimientos políticos de México.

Pero ésta es otra historia...

---

[37] Doc. 116, Benito Juárez a Melchor Ocampo, Nueva Orleáns, mayo 30 de 1855, en *ibid.*, pp. 165-166.

[38] *Ibid.*

[39] Actas de las sesiones de la Junta Revolucionaria Mexicana en Brownsville, Texas, 1855. Doc. 125, Sesión del día 21 de junio de 1855, en *ibid.*, pp. 176-178.

Repercusión latinoamericana de la resistencia antiimperialista mexicana encabezada por Benito Juárez

Por *Salvador E.* MORALES PÉREZ

En obsequio de mi hija Yunuén nacida, como Juárez, un 21 de marzo pero de 1979

CON TODO LO QUE SE LE HA TRABAJADO EN MÁS DE UNA CENTURIA, la historia latinoamericana del siglo XIX exhibe notables lagunas pendientes de consideración. La revisión emprendida en las últimas décadas está lejos de agotar los temas omitidos o mal tratados. El acontecer dramático de nuestra América ofrece una fuente abundante de episodios inéditos o mal conocidos, personalidades sumidas en injusto anonimato o deficientemente valoradas, ausencia de protagonistas sociales y culturales de significación, como es el caso de las mujeres y los sectores marginales. Y en ese largo inventario incluyo las relaciones entre los distintos países y regiones del continente. Mucho se ha publicado respecto de las relaciones de cada país americano con las metrópolis dominantes, pero muy poco se ha explorado de las relaciones bilaterales y multilaterales interlatinoamericanas. En esta última década se ha avanzado bastante más allá de aquellas historias diplomáticas que en forma aberrante se concentraban en la ventilación de diferendos fronterizos.

Desde tiempo atrás nos hemos sentido tentados a desarrollar cierto análisis histórico acerca de la repercusión de acontecimientos mayúsculos en el resto de la América. Cómo se difundieron, antes de la independencia americana, los sucesos de Quito de 1809, cuando fueron ejecutados los precursores de la rebelión en ciernes, o cómo impactó la victoria de Bolívar en Boyacá entre las filas patrióticas y entre las realistas. Por supuesto, nos hemos interesado en la repercusión de la intervención francesa en México y la subsiguiente resistencia popular acaudillada por Benito Juárez. Me interesa sobremanera la recepción del fenómeno de agresión para explicarnos las características de la reacción antiimperialista de América del Sur y el Caribe. En este trabajo deseamos ofrecer una sintética mirada de los componentes continentales con el fin de calibrar la amplitud, intensidad y magnitud reactiva en interconexión con la asimilación crítica del golpe imperialista francés y la rebeldía mexicana, y si esta recepción y reacción tuvo alguna secuela de relevancia en la evolución sociopolítica latinoamericana.

Al igual que todas las aventuras imperialistas, el proyecto expansionista francés rebasaba los límites mexicanos. El diseño de la expansión iniciada apuntaba hacia propósitos más considerables. No era sólo un deliquio imperial de Luis Napoleón. Estas ambiciones eran compartidas y apoyadas por los más ávidos empresarios capitalistas franceses y por sus secuaces de gobierno imperial.[1] Las expectativas de beneficio se extendían a funcionarios y oficiales de menor rango que esperaban sacar alguna tajada en esta aventura de recolonización. Oficiales subalternos como el capitán Pierre Loizillon exhibían con meridiana claridad qué los impulsaba y qué esperaban de la atrevida intervención:

> Al iniciar esta guerra, no cabe duda de que el emperador tenía una gran idea: construir un dique contra la invasión de los Estados Unidos y en México establecer un gobierno fuerte que dependería de nosotros política y económicamente, y del cual hubiéramos exigido, en garantía de nuestros créditos, el Istmo de Tehuantepec. Hubiéramos aprovechado esa oportunidad para cortar el Istmo, del mismo modo que hemos cortado el Istmo de Suez; hubiéramos cundido poco a poco, como gota de aceite, absorbiendo a Guatemala y llegando a Panamá, sin llamar la atención y poniendo a nuestros rivales ante el hecho consumado. Hubiéramos tenido entonces la mejor colonia del mundo, puesto que el comercio de la India y de China pasa por esa ruta, y los ingleses hubiesen perdido el provecho y la influencia que hubiéramos ganado.[2]

En la reveladora carta del capitán Loizillon están asumidas y resumidas crudamente las estimulantes intenciones imperiales de Francia en la expedición contra México, tal como las expuso Napoleón III al general Ellie F. Forey. Tales propósitos eran más bien los de un sistema en súbita, competitiva y agresiva expansión:

> En el presente estado de la civilización del mundo, la prosperidad de América no es cuestión indiferente para Europa, porque es esta prosperidad la que sostiene nuestras manufacturas y da vida a nuestro comercio. Tenemos interés de que la República de Estados Unidos sea poderosa y próspera pero no lo tenemos de que se posesione de todo el Golfo de México, domine desde allí sobre las Antillas tanto como sobre América del Sur y sea el único dispensador de los productos del Nuevo

---

[1] Las presiones, amenazas y exigencias francesas desde la independencia de las repúblicas hispanoamericanas están recopiladas y documentadas por Gregorio Selser, *Cronología de las intervenciones extranjeras en América Latina, 1776-1848*, México, UNAM/UAM-A, 1994, tomo I.

[2] Ralph Roeder, *Juárez y su México*, 2ª ed., México, FCE, 1958, tomo II, p. 380.

Mundo. Vemos ahora, por triste experiencia, cuán precaria esa especie de industria que se reduce a cuidar de su materia prima [...]

Si por el contrario, México conserva su independencia y mantiene la integridad de su territorio; si se funda allí un gobierno estable con la ayuda de Francia, habremos proporcionado a la raza latina, al otro lado del océano, su debida fortaleza y prestigio; habremos garantizado su propia seguridad a nuestras colonias en las Antillas y las de España; habremos constituido nuestra benéfica influencia en el centro de América y esa influencia al crear inmensos canales para nuestro comercio, nos proporcionará aquellas materias primas que son indispensables para nuestra industria.[3]

Distintos hombres de América se interrogaban acerca de las intenciones del voluble emperador francés. Algunos, como el cubano Pedro Santacilia, radicado en México y yerno de Benito Juárez, creían contradictoria, errática y disparatada la conducción de la política exterior francesa del veleidoso sobrino de Napoleón.[4] La admirada Francia, modelo de cultura y de civilización para las clases directoras latinoamericanas, que ejercía una embelesante influencia sobre las emergentes repúblicas americanas, había puesto en práctica una fase novedosa de su evolución histórica: un ensayo de dominio externo bajo pretextos modernizadores —lo que luego Jules Ferry caracterizaría como misión civilizadora— que conjugaba las viejas formas de subordinación de empaquetamiento colonial con nuevos elementos de dependencia para satisfacer las urgencias de expansión industrial. Hacia América Latina orientó el nuevo formato recolonizador.

El impulso cobrado por la implementación tecnológica nacida de la revolución industrial en Europa exacerbó el interés de Francia por las fuentes de materias primas y los mercados ultramarinos y ello le llevó a fijar interés hacia las potenciales vías interoceánicas. Entre 1855 y 1884 la economía francesa vivió un periodo de aceleración del crecimiento industrial.[5] Este anhelo de tránsito interoceánico tenía sus antecedentes.

---

[3] Citado por Ildefonso Villarello, "La opinión francesa sobre la intervención en México", en *La intervención francesa*, México, Sociedad Mexicana de Geografía y Estadística, 1963, pp. 65-66.

[4] Escribió para *El Heraldo* de México en julio de 1862: "Tan descabellado es este pensamiento, que no vacilaríamos un instante en rechazarlo por absurdo (la posibilidad de intervenir en la guerra civil estadounidense reconociendo al Sur) si no se tratase del emperador de los franceses, cuya política incomprensible hasta ahora, hace verosímil cuando menos cualquier género de empresas por inexplicables que ellas parezcan y por funestas que sean a los verdaderos intereses del mismo pueblo francés", Pedro Santacilia, *El hombre y su obra*, México, Centro de Investigación Científica Jorge L. Tamayo, 1983, tomo II, p. 479.

[5] Maurice Niveau, *Historia de los hechos económicos contemporáneos*, Barcelona, Ariel, 1968, pp. 42ss.

Las potencias en creciente rivalidad se habían interesado tanto en el Istmo de Tehuantepec como en la región fluvial entre Costa Rica y Nicaragua.[6] Estas apetencias de dominio geopolítico indujeron a los observadores más despiertos a considerar que había razones para una alarma generalizada en las repúblicas hispanoamericanas. Las ambiciones develadas por el gobierno francés eran las más acuciantes. Uno de los primeros en lanzar fuertes advertencias fue Francisco Bilbao, entre otros del mismo parecer. Estos recelos no fueron exagerados ni en la intensidad ni en el tono. La grandilocuencia de sus advertencias constituía una auténtica expresión de alerta:

> La Independencia y la República peligran. Esto es, nuestro honor, nuestra gloria, nuestro derecho, nuestra felicidad sobre la tierra. Una fuerza pasiva y colosal de doscientos millones de europeos puesta al servicio de los déspotas, pretende avasallar y repartirse el mundo americano. Es el dualismo de la justicia y de la fuerza mentirosa en su tremenda lucha, y a quien no bastaba la separación del Atlántico, que hoy en México aparece, lo cual es una prueba de que la tierra entera ha de ser un día o república o monarquía. Y es para esa lucha, es por esa causa que somos solidarios, que no podemos permanecer indiferentes sin comprometer nuestra dignidad, sin agraviar el pasado de nuestros padres, sin arriesgar el porvenir de nuestros hijos.[7]

No cabe duda que la intervención francesa en México no constituyó un episodio coyuntural pretextado por reclamaciones financieras de poca monta a causa de las dificultades económicas y de las diferencias políticas internas en el país invadido. El trío de potencias confabuladas para intervenir tenían —cada una con sus propios métodos— un plan de más vastos alcances. Las convulsiones experimentadas por la sociedad mexicana parecían poner en bandeja de plata un "buen pretexto" para sacar provecho mediante un proyecto de expansión recolonizadora con posibilidades de extenderlo por todo el continente latinoamericano. Detrás de las ambiciones geopolíticas bullía el imperativo de optimizar beneficios, exigencias propias del ascenso, a tropezones, del capitalismo europeo, la búsqueda de un reordenamiento de las dependencias en función de la aceleración industrialista. El plan tenía previsto el predominio en las

---

[6] Véase la correspondencia en Luis Weckmann, *Las relaciones franco-mexicanas*, México, SRE, 1962, pp. 175-176, docs. 13 593-13 602. El gobierno nicaragüense de 1858 tenía instruido a su ministro en París, señor Marcoleta, de interesar en ello al gobierno francés, *ibid.*, p. 203, doc. 14 635. Los forcejeos en torno a Centroamérica pueden verse en Selser, *Cronología de las intervenciones extranjeras en América Latina* [n. 1], pp. 150, 168, 176-177, 211, 246, 260-262.

[7] Ricardo López Muñoz, *La salvación de la América: Francisco Bilbao y la intervención francesa en México*, México, Centro de Investigaciones Científicas Jorge L. Tamayo, 1995, pp. 78-79.

periferias abastecedoras de productos primarios y potencialmente consumidoras de los manufacturados.

La conducción de estas apetencias por intermedio de Luis Napoleón Bonaparte cristalizó en los proyectos externos de la década de 1860. El gabinete imperial dio luz verde a empresas imperialistas diversas como en Suez, Indochina y México. Encontraron una justificación ideológica y estratégica en los planteamientos urdidos por el cerebro del economista y político Michel Chevalier (1806-1879). Este personaje había hecho un prolongado viaje turístico por Estados Unidos, México y Cuba en los años 1834 y 1836. Con mucho olfato y agudeza calibró cuánto Francia podía obtener de la América de cultura latina. Fueron los tiempos en que se desataron las ambiciones de las potencias más fuertes por las posibles vías interoceánicas de las regiones centroamericanas. Hacia 1844 estuvo moviendo la idea de hacer un canal interoceánico de factura francesa en Panamá. Hacia 1855, dio nombre a su proyecto de integración: panlatinismo; le pareció un buen lema de unión bajo hegemonía de Francia.[8]

El planteamiento más osado lo plasmó a principios de 1862 en los trabajos publicados en la *Revue des Deux Mondes*, cuando ya estaba en marcha el plan intervencionista en México. La valoración de los recursos de México, sus tribulaciones políticas, los presuntos agravios que allí se le habían propinado a personas de origen francés, el avance experimentado por Estados Unidos a su costa, daban pretextos suficientes para la intervención de Francia. Propuso establecer una monarquía lo más liberal posible. Sus deseos no tardaron en cumplirse. Con la retirada de los británicos y españoles en abril de 1862 los franceses echaron adelante la intervención.

Sin embargo, este reparto del mundo y de los liderazgos no era compartido por la mayoría de los mexicanos y latinoamericanos. No fueron pocos quienes denunciaron de diversos modos la significación amenazadora del programa expansionista puesto en práctica por las potencias europeas y por la nacida en el norteamericano. Aquellos planteamientos de resistencia ante una hegemonía económica, política y cultural que no se había solicitado no son bien conocidos. Esta resistencia guarda estrecha relación con la repercusión producida en el hemisferio americano

---

[8] Chevalier dividía Europa en tres grupos: los germánicos o anglosajones del septentrión, las naciones latinas del sur y los pueblos eslavos del este. El epicentro del liderazgo en cada uno de estos grupos lo atribuía a Inglaterra, Francia y Rusia respectivamente. Este enfoque lo extendía al continente americano, con Estados Unidos como parte del grupo anglosajón y los países iberoamericanos dentro de la cultura y razas latinas.

por la invasión francesa a México. Hasta fechas recientes toda la atención de las repercusiones internacionales del magno suceso ha sido enfocada hacia Estados Unidos, Inglaterra, España y Francia. Obvio, el predominio de esa atención ha estado en correspondencia con la magnitud internacional otorgada por la propia diplomacia mexicana a sus gestiones de reconocimiento y ayudas. Lamentablemente la posición de los jefes mexicanos en resistencia no contempló, hasta donde hemos visto, la instrumentación sistemática e intensa de las reacciones de las cancillerías hispanoamericanas.

La inclinación a concentrar la atención en las relaciones con Norteamérica en desmedro de las repúblicas análogas del sur venía desde el nacimiento independiente. Al decir de uno de los primeros estudiosos de estas relaciones, Genaro Estrada, "era natural que los primeros negocios estuvieran fincados en el trato con los Estados Unidos, al menos por obvias razones de la geografía".[9] Esa sobredeterminación geopolítica se mantuvo en tan desesperada situación, aunque no había mucho que esperar de un país envuelto en una guerra civil. En esa perspectiva —apergollada por la falta de fondos— se dispuso a los agentes del gobierno presidido por Benito Juárez.

Durante la ocupación francesa se designó a Juan Antonio de la Fuente representante de México ante Inglaterra y Francia y a Matías Romero ante Estados Unidos. En materia de rangos diplomáticos la administración de Juárez sostenía que por la situación del país en esos momentos —7 de julio de 1859— no era posible tener un ministro residente en cada país con el cual se sostenían relaciones: "deben limitarse a dos: uno en los Estados Unidos de América y otro en Europa" con residencia en Londres o París. Para el resto, "bastará que haya cónsules generales con el carácter de encargado de negocios".[10]

Cuando en mayo de 1863 el gobierno de Juárez y su gabinete son obligados a dejar la capital, los representantes americanos acreditados eran de sólo cinco países: Thomas Corwin, enviado extraordinario y ministro plenipotenciario de Estados Unidos; Francisco P. Pastor, encargado de negocios del Ecuador; Manuel Nicolás Corpancho, encargado de negocios del Perú; Ramón Sotomayor Balde, encargado de negocios de Chile; Narciso de Francisco Martín, agente confidencial de Venezuela.[11]

---

[9] Genaro Estrada, "Prólogo", *Un siglo de relaciones internacionales de México (a través de los mensajes presidenciales)*, México, Porrúa, 1970, pp. vii-viii.

[10] José Rosovsky, Primitivo Rodríguez y José Luis García, eds., *La administración pública en la época de Juárez*, México, Secretaría de la Presidencia, 1974, tomo ii, p. 35.

[11] Genaro Estrada, ed., *Las relaciones entre México y Perú: la misión de Corpancho*, 2ª ed., México, SRE, 1971, p. 150.

En ocasión de la apertura del segundo periodo de sesiones ordinarias del Congreso mexicano, Juárez dirigió un mensaje el 15 de abril de 1862 en el cual advertía vagamente esperanzado que en las difíciles circunstancias que se avecinaban "no le faltarán las simpatías y acaso el concurso de otros pueblos" a la República Mexicana: "Las repúblicas americanas dan muestras de comprender que los sucesos de que México está siendo teatro, afectan algo más que la nacionalidad mexicana, y que el golpe que contra ella se asesta heriría no sólo a una nación, sino a todo un continente".[12]

Desde luego, eso lo habían comprendido bien las élites dominantes aunque con diversos grados de preocupación e interés. Es digno de destacar el comportamiento peruano. La república de Perú había enviado lo más pronto que le fue posible una misión especial ante las autoridades mexicanas constituidas para expresarles su simpatía. El gobierno de Perú adoptó una política previsiva desde finales de 1861 y dio instrucciones a sus agentes en Francia e Inglaterra para que solicitaran una declaración de que dichos gabinetes ajustarían su conducta a las leyes internacionales y no procurarían cambiar la situación independiente y republicana de México. El ministro del exterior, José Fabio Melgar, no se contentó con dar esa instrucción y envió una circular a todos los gobiernos de América, en la cual dejaba sentir su preocupación por la gravedad del conflicto euromexicano. Sin desconocer el derecho de reclamación de los europeos —aunque era bien conocida su tendencia a la exageración hasta extremos inaceptables—, llamó la atención a que dichas reclamaciones se inscribieran conforme al derecho internacional, y a la vez evocaba la anexión a Santo Domingo que despertó el sentimiento de fraternidad americana. Melgar fue portavoz de una propuesta para adoptar "una política que signifique para la Europa la unión moral de la América independiente".[13]

La circular peruana, fechada el 20 de noviembre de 1861, fue rápida y positivamente contestada por Bolivia. El ministro Manuel Salinas, desde Oruro, respondió el 28 de diciembre en términos precisos y contundentes: rechazó el empleo de la fuerza material y respaldó claramente la adopción de "una política significativa de la unión moral de la América independiente de las potencias europeas".[14] El celo expresado por el gobierno boliviano tomaba fundamentos en el precedente dominicano y

---

[12] Estrada, *Un siglo de relaciones internacionales de México* [n. 9], p. 98.
[13] Estrada, ed., *Las relaciones entre México y Perú: la misión de Corpancho* [n. 11], pp. 55ss.
[14] *Ibid.*, p. 59.

compartía con el Perú no sólo las prevenciones, también la oportunidad de realizar el congreso americano "a fin de promunir las nacionalidades del Nuevo Mundo con la adopción de medios más conformes a una política racional y justa".[15]

De una manera diferente respondió el gobierno chileno al peruano en enero de 1862. Los términos empleados por el ministro conservador, Manuel Alcalde, responsabilizaban a México por sus desavenencias internas como el causante del conflicto en el cual "tres de las más importantes naciones de Europa se hayan visto en la precisión o hayan creído necesario apelar a la fuerza para obtener de México el cumplimiento de sus compromisos y pactos internacionales y la observancia del derecho público respecto a sus agentes diplomáticos y súbditos".[16] No obstante la ignorancia mostrada en el problema de la deuda y la benévola valoración de las acciones intervencionistas europeas, tan diferente del tono claro y enérgico empleado por Bolivia, el ministro chileno anunció que daría especial atención al asunto. Poco después, la cancillería chilena informó a la mexicana de su protesta ante varias naciones europeas sobre los proyectos de monarquizar las repúblicas americanas.[17] El ministro chileno en Washington, Francisco Solano Astaburuaga, estuvo muy ocupado tentando a Estados Unidos a mostrar sus preocupaciones por los intentos europeos. Cuando se complicó la situación y desembarcó la invasión europea, Chile comunicó por medio de su cónsul, José Eusebio Fernández, en agosto de 1862, el deseo de enviar una legación especial en señal de simpatía.[18]

Poco antes, el 25 de mayo de 1856, había quedado constituida en Santiago de Chile la Sociedad Unión Americana, cuyo compromiso era "sostener la independencia americana y promover la unión de los diversos Estados de América".[19] Integraron esta organización oficiales de diverso rango, veteranos de las guerras de independencia. Destacados políticos e intelectuales del liberalismo como Manuel Antonio y Guillermo Matta, Benjamín Vicuña Mackenna, José Victorino Lastarria, Miguel Luis Amunátegui, Isidoro Errázuriz, Domingo Santamaría, Pedro León Gallo, entre otros. Al interior del país se organizaron diferentes sociedades que se dieron el título de Sociedad Defensores de la Independencia

---

[15] *Ibid.*, p. 61.

[16] *Ibid.*, p. 62.

[17] Jesús Guzmán y Raz Guzmán, comps., *Las relaciones diplomáticas de México con Sudamérica*, México, SRE, 1970, p. 19.

[18] *Ibid.*, p. 20.

[19] López Muñoz, *La salvación de la América* [n. 7], p. 30.

Americana. Pronto iniciaron una campaña para recoger fondos destinados a auxiliar la lucha de los mexicanos contra la ocupación europea. Una y otras se interrelacionaron con los grupos existentes en Lima, Buenos Aires y Sucre y con la Junta Patriótica de la Ciudad de México. *La Voz de Chile* fue un órgano muy activo de estos grupos.[20]

El gobierno chileno decidió enviar una representación diplomática ante Juárez. El ministro en Washington, Astaburuaga, fue designado pero no pudo cumplir su cometido pues ya el puerto de Veracruz estaba ocupado por los intervencionistas. Desde allí envió a Juárez una nota que decía del interés chileno por acreditar ante él una legación permanente.

La agresión española de abril de 1864 contra Perú precipitó la formación de un frente chileno-peruano, al cual se sumaron posteriormente Ecuador, Bolivia y Colombia. Aunque estos países se volcaron hacia los problemas más cercanos no dejaron de tener en cuenta —en muy diversos grados— la causa de México. Esa reacción también alcanzó a tener repercusión en las causas independentistas de cubanos y puertorriqueños.

Un destaque especial de la reacción latinoamericana encuentra justificación en la labor intelectual desplegada por el escritor y político chileno Francisco Bilbao. La de Bilbao fue la voz y la pluma que con más intensidad advirtió de la necesidad de un enfrentamiento común ante el peligro que representó la ofensiva reconquistadora emprendida por las potencias europeas. En el clamor titulado *La América en peligro*, puede leerse respecto a la invasión de México:

Guerras en Europa, en Asia y África. Faltaba la América. ¿Por qué ha sido hoy México la víctima designada para hacer aparecer como torpe la inteligencia de la gran nación, y como pérfido el corazón del pueblo que había predicado la fraternidad, y como verdugo débil, el brazo tremendo de la Francia, en una guerra en la que ha de encontrar su Palafox?

México tenía traidores que sembraban la tentación; México es lo más bello y lo más rico de la América; México situado entre los dos océanos, entre las repúblicas del sur y las del norte, es el centro estratégico del comercio y de la política del Nuevo Continente; México monarquizado, amaga a los Estados Unidos y a las repúblicas del sur, y con el apoyo de la Francia imperial amenaza al mundo con la exterminación de la República; y sus tesoros explotados por la *civilización imperial* pueden costear otra *grande armada* para realizar el sueño de Felipe II y la intención escondida del heredero de Waterloo.

La guerra de España, *la más injusta de las guerras*, la traición de las traiciones de Napoleón I, fue la señal de caída. La noble Iberia renovó el heroísmo de Sagunto y

---

[20] *Ibid.*, p. 31. Jóvenes chilenos estuvieron dispuestos a servir a la causa libertaria mexicana.

de Numancia, y en las guerrillas en Bailén apresaron las águilas rapaces de las legiones imperiales.

¿Y quién sabe si la Nueva España no está llamada a dar la señal de la caída del imperio perjuro?

¡Oh, México!, ¡oh, vosotros hijos de los aztecas y de los castellanos!, en vuestras manos está hoy la facultad de señalar el itinerario de la muerte a los profanadores de vuestro suelo, y de arrojar la primera piedra a ese imperio que será la señal de la lapidación universal a que está destinado.[21]

Sin lugar a duda, Bilbao calibró muy bien la significación internacional de la lucha emprendida por los patriotas mexicanos con Juárez a la cabeza de una resistencia tenaz y en condiciones sumamente desiguales. Una lucha que llegó a calar hondo y palpitante hasta la conciencia del pueblo francés, como bien documentó Noël Salomon en obra acuciosa. Labor semejante debe realizarse en la prensa latinoamericana.

No menos interesante fue la respuesta argentina al requerimiento peruano —mayo 14 de 1862—, la cual no ocultó su asombro ante el hecho de "que las dos grandes naciones que están a la cabeza de la civilización" se coligaran para agredir al pueblo mexicano.[22] No obstante, manifestó simpatía por la preocupación expresada en la iniciativa peruana. Sin embargo, el carácter transitorio de las autoridades establecidas limitó la gestión argentina a favor de una solución razonable y justa para México. Lamentablemente, las relaciones entre México y Argentina fueron esporádicas. Cuando en 1878 Ángel Núñez Ortega hizo un balance de la historia diplomática mexicana tuvo que asentar: "Nunca ha habido un representante diplomático de México en Buenos Aires".[23] Esta incomunicación dejaría ver su secuela perjudicial en ese tiempo. No es de extrañar el mal conocimiento y los asombros.

Las relaciones sostenidas con las repúblicas de Uruguay, Paraguay y Venezuela eran igualmente débiles o más. Con respecto a ese último país, mucho más cercano a México, dice Núñez Ortega que después de la misión de Francisco S. Mora por Colombia, Ecuador y Venezuela, concluida en 1856, las relaciones "se redujeron a manifestaciones periódicas de simpatía".[24] En cambio, en este lapso Colombia sostuvo consulados en Tampico, Acapulco y Veracruz. Domingo de Ansoátegui fue

---

[21] *Ibid.*, p. 83.

[22] Estrada, ed., *Las relaciones entre México y Perú* [n. 11], p. 63.

[23] Guzmán y Guzmán comps., *Las relaciones diplomáticas de México con Sudamérica* [n. 17], p. 26.

[24] *Ibid.*, p. 32. Nada dice de la misión confidencial de Narciso de Francisco Martín, agente secreto de Venezuela. Habrá que buscar en los archivos venezolanos.

admitido como cónsul general de Colombia hasta 1873, cuando fue remplazado por José de Ansoátegui.

Venezuela, por su parte, estuvo enfrascada en la "guerra federal" desde 1859 hasta mediados de 1863. El fin de la guerra no lo fue de las tensiones internas. La ausencia de datos concretos deja espacio para las conjeturas razonables. Venezuela estaba apremiada por las reclamaciones extranjeras, cada vez más infladas según las costumbres de la época, por las estipulaciones usureras y trapacerías entre particulares y gobiernos. La experiencia mexicana debe haber palpitado en el manejo de los abonos de los empréstitos extranjeros. Pero a principios de 1865, en pleno apogeo de la resistencia juarista, Guzmán Blanco ordenó la suspensión de pagos a extranjeros en perjuicio de los acreedores nativos. Londres protestó. Sometido el asunto a la Alta Corte Federal, ésta dictaminó que se diese preferencia a los más antiguos.[25]

Tan interesante, y merecedor de un estudio como el presentado en el caso de Chile —en el libro de López Muñoz, *La salvación de la América: Francisco Bilbao y la intervención francesa en México*— fue la actividad desplegada por Blas Bruzual, representante del gobierno de Venezuela presidido por el general Juan Crisóstomo Falcón, en Washington a mediados de los sesenta. El ministro de Relaciones Exteriores Guillermo Tell Villegas le había dado instrucciones precisas y facultades a Bruzual para celebrar "ya con el gobierno de Estados Unidos solo, ya con ellos y los demás americanos que quisieran, un pacto de unión, liga y confederación para impedir toda intervención europea en los negocios políticos de las naciones americanas y oponerse a cualquier pretensión que respecto de ellas formen las potencias de Europa".[26]

A Venezuela le habían preocupado seriamente las manifestaciones agresivas de las potencias europeas. Los ejemplos de lo ocurrido con Santo Domingo y México fueron suficientes para reclamar que se pusiera en vigor la Doctrina Monroe que sí aplicaba en estos casos y como es sabido estuvo inoperante.

Blas Bruzual cumplió en lo que pudo su cometido y fue un activo propagandista de las ideas latinoamericanistas, patrocinador de *El Continental*, mantuvo estrechos contactos con Matías Romero, represen-

---

[25] Rafael Ángel Rondón Márquez, *Guzmán Blanco, "el autócrata civilizador"*, Caracas, Tipografía Garrido, 1944, tomo i, p. 161.

[26] Comunicación de Guillermo Tell Villegas a Blas Bruzual, Caracas, 5 de septiembre de 1863, citada por Armando Rojas, *Historia de las relaciones diplomáticas entre Venezuela y los Estados Unidos*, tomo i, *1810-1899*, Caracas, Presidencia de la República, 1979, p. 196.

tante mexicano en Washington, con el general colombiano Tomás
Mosquera y con el destacado jefe liberal guatemalteco Justo Rufino
Barrios. La documentación por él suscrita, encontrada en el archivo de
Matías Romero, refleja un auténtico y sostenido interés de Venezuela
por la causa mexicana y por la difícil situación que padecía el pueblo de
México. La gestión de Blas Bruzual bien merece parangonarse con las
desempeñadas por Manuel Nicolás Corpancho y Francisco Solano
Astaburuaga.[27] Otra expresión venezolana digna de mencionarse fue el
significativo ofrecimiento hecho por el legendario llanero José Antonio
Páez de pelear junto a los mexicanos contra los intervencionistas por la
libertad nacional.

Las gestiones diplomáticas emprendidas por la república de Perú
exhiben su magnitud y trascendencia en la misión confiada a Manuel
Nicolás Corpancho. Más de la mitad del volumen citado, *Las relaciones
de México y Perú*, está dedicada a difundir la documentación respectiva. Ha sido hasta hoy la repercusión más conocida en el ámbito hispanoamericano de la intervención francesa y de la resistencia mexicana. La
labor diplomática realizada por Corpancho merece ser reconocida como
una iniciativa trascendente. El 23 de diciembre de 1861, nada más llegado a Nueva York, Corpancho se entrevistó con Matías Romero a quien le
comunicó el propósito de conferenciar con el gobierno de Estados Unidos y aseguró que las repúblicas de Chile, Argentina, Venezuela y Nueva
Granada enviarían a México misiones análogas a la que se le confiara.
La interesante conexión peruano-mexicana se pone de relieve en gestos
de gran confianza, como cuando el diplomático mexicano Juan Antonio de
la Fuente pidió su pasaporte al encargado de asuntos exteriores de Francia, Antoine Edouard Thouvenel, y dejó encomendados los asuntos de
México al ministro de Perú en París.[28]

El éxito más destacable e importante de la misión de Corpancho fue
el que México suscribiese el Tratado de Santiago, acuerdo concertado
entre Chile, Perú y Ecuador a fin de encaminar pasos efectivos para la
siempre anhelada y pospuesta unión continental. El 11 de junio de 1862,
Manuel Doblado, representante de México, y Manuel Nicolás Corpancho
suscribieron el tratado.[29] Los elementos integrados fueron legítimos pre-

---

[27] Guadalupe Monroy Huitrón, ed. y pról., *Archivo histórico Matías Romero:
catálogo descriptivo, correspondencia recibida*, tomo I, *1837-1872*, México, Banco de
México, 1965.

[28] Weckmann, *Las relaciones franco-mexicanas* [n. 6], p. 224, doc. 16 165.

[29] Jorge L. Tamayo, sel. y notas, *Benito Juárez: documentos, discursos y correspondencia*, México, Centro de Investigación Científica Jorge L. Tamayo, 1973, tomo VI, pp.
688-697.

cedentes para concretar la agenda del congreso convocado por Lima y realizado entre 1864 y 1865, después de una reunión de plenipotenciarios en Washington. Reunión a la cual sólo asistieron delegados de Chile, Ecuador, Colombia, Venezuela, Argentina, El Salvador y Guatemala sin lograr significativos resultados.[30]

De la reacción de Nueva Granada —que recién asumía la denominación de Colombia— ante la lucha mexicana contra la intervención francesa, suele destacarse el decreto en honor de Benito Juárez, expedido en Bogotá el 1° de mayo de 1865 por el Soberano Congreso Nacional. Se declaró entonces que Juárez había "merecido bien de América", en razón de la abnegada e incontrastable perseverancia demostrada "en la defensa de la independencia y libertad de su patria". El decreto expedido en tan memorable ocasión disponía que se colocara el retrato de Juárez en la Biblioteca Nacional para ejemplo de las juventudes colombianas. En 1923 se publicó el discurso pronunciado en aquella oportunidad por Alejo Morales ante el Senado, y las copias correspondientes a los documentos originales así como la respuesta de Juárez.[31] Pero nada se ha dado a conocer respecto de "las simpatías que este pueblo [colombiano] ha mantenido por la causa del vuestro [mexicano] y del fraternal interés con que ha seguido cada uno de vuestros esfuerzos",[32] como asegura el presidente Manuel Murillo a Juárez en carta autógrafa.

Un gesto análogo se produjo en República Dominicana, en el Santo Domingo que había sufrido parecida situación a la de México cuando España volvió a ocupar el país gracias a un proceso anexionista perpetrado por los hateros acaudillados por Pedro Santana. El proceso de reincorporación de la parte dominicana de la Isla se llevó a cabo entre marzo y mayo de 1861.[33] La oligarquía hatera había estado gestionando la anexión del país a diversas potencias con el pretexto de la amenaza haitiana. Sin embargo, en los momentos en que este atentado se llevó a cabo no había tal situación de peligro bélico y los anteriores intentos de gobiernos haitianos habían sido contundentemente derrotados. La resis-

[30] Lucía Sala de Touron, "Latinoamericanismo, panamericanismo e integración" (primera parte), *Revista Encuentros* (Montevideo), núm. 3 (abril de 1994), p. 25.

[31] Antonio de la Peña y Reyes, "Advertencia", *El decreto de Colombia en honor de don Benito Juárez*, 2ª ed., México, SRE, 1971.

[32] *Ibid.*, p. 20.

[33] Selser, *Cronología de las intervenciones extranjeras* [n. 1], tomo II, pp. 119-120. El gobierno peruano reaccionó vivamente ante el hecho anexionista e instruyó a sus diplomáticos para concertar una reacción latinoamericana. Al parecer las condiciones del momento, visto de manera benévola, hicieron muy débiles las manifestaciones y la receptividad de la propuesta.

tencia a la anexión brotó de inmediato— el coronel José Contreras en
rebeldía se apoderó de Moca y proclamó la restauración de la república
independiente y soberana— y ya no cesaría la resistencia hasta la retirada de los españoles.

De 1861 a 1865 duró aquella ocupación a la cual se puso fin mediante la ardua Guerra de Restauración que se llevó a cabo paralelamente a
la de los mexicanos contra los intervencionistas europeos, pero muy poco
se conoce de esta peculiar sintonía. Particularmente de la inspiración
que la lucha mexicana produjo en la batalladora porción de la isla dominicana. Por la parte mexicana no se detecta ninguna consideración del
asunto hasta donde hoy se conoce.

A mediados del siglo xx el historiador dominicano Vetilio Alfau Durán
halló en *El Monitor*, periódico oficial del gobierno dominicano, que en
sesión celebrada el 11 de mayo de 1867, la Cámara de Diputados había
hecho una importante declaración en honor de Benito Juárez. A instancias de los diputados Antonio Delfín Madrigal y Melitón Valverde se
pidió al Congreso "aclamase a Juárez Benemérito de las Américas; que
la República Dominicana estaba en aptitud para ello y podía tomar la
iniciativa dando así el ejemplo a las demás repúblicas sus hermanas que
quisiesen mostrar su simpatía por la causa de la libertad de Méjico [*sic*],
a la que no dudaba debía seguirse la de toda la América de uno a otro
extremo".[34] La declaración fue aprobada por unanimidad, pero poco sabemos de la difusión que ésta alcanzara. Hasta ahora no hemos encontrado rastros de la misma en la correspondencia diplomática y consular
entre México y República Dominicana.

Tampoco hemos podido hallar aún cómo se reflejó en autoridades y
pueblo guatemaltecos el establecimiento del régimen imperial y la consecuente resistencia mexicana. Las relaciones entre ambos países trans-
currieron en el siglo xix por periodos de diferendos diversos, en los cuales abundaron tensiones y suspensión de contactos diplomáticos. Hasta
ahora sólo hemos encontrado en la guía documental publicada por el
Archivo Histórico y Diplomático de México,[35] anexo a la Secretaría de
Relaciones Exteriores, un expediente de mediación peruana en 1862. El
activo y solidario ministro de Perú en México, Manuel Nicolás Corpancho,

---

[34] José de J. Núñez y Domínguez, "La República Dominicana fue la que proclamó a
Juárez Benemérito de la América", en Pablo A. Maríñez, comp., *México y República
Dominicana: perspectiva histórica y contemporánea*, Santo Domingo, Comisión Permanente de la Feria del Libro, 1999, p. 274.
[35] Mario González Sánchez, *Relaciones consulares y diplomáticas México-Guate-
mala: guía documental*, México, sre, 1988.

se enfrascó en gestiones destinadas a la reanudación de relaciones diplomáticas entre México y Guatemala.[36] Los empeños resultaron infructuosos. El cúmulo de reclamaciones y acusaciones mutuas pendientes constituían un serio obstáculo. El peso de ellas se refleja en el catálogo citado y permite ver también el vacío documental entre 1859 y 1872-1875. Confiemos en que una revisión de la prensa y archivos oficiales guatemaltecos revelen con mayor abundancia y profundidad las expectativas y reacciones que produjo en ese país la implantación imperialista europea.

En los corrillos diplomáticos de Estados Unidos se filtró que a principios de 1862 las autoridades guatemaltecas, alentadas por los conservadores de México, habían enviado a las cortes de Londres, París y Madrid a Felipe Neri del Barrio, a fin de que gestionase la anexión de Guatemala[37] si se establecía la monarquía en México. El gobierno de El Salvador, representado en Estados Unidos por Antonio José Irisarri, se opuso y emprendió gestiones para contrarrestar la idea. Matías Romero comunicó esos informes al gobierno y al secretario de Estado, Seward, quien le aseguro que daría instrucciones a sus representantes en Guatemala, Londres, París y Madrid con vistas a neutralizar esas ilusiones. En esto desplegó un importante papel Cayetano Barreda, ministro de Perú en Washington, quien también movió sus piezas en análoga dirección. Montúfar, que sustituyó a Irisarri en la representación salvadoreña, coordinó acciones con Romero.

La Guatemala teocrática no veía con buenos ojos las reformas proyectadas por los liberales mexicanos. No cabe duda de la simpatía por el partido reaccionario-clerical. Según se sabe, el dictador Carrera apoyó la insurrección del contumaz sedicioso Juan Ortega en Chiapas, cerca de la litigiosa frontera.[38] Gestiones diplomáticas lograron que el gobierno guatemalteco adoptase finalmente una actitud neutral, por lo cual, en ocasión de internarse Ortega y sus secuaces en territorio guatemalteco, fueron desarmados.[39] La muerte de Carrera, constante protector de Ortega en sus amotinamientos, puede haber influido en algo,[40] pero también el hecho de que Guatemala, como el resto de los países centroame-

---

[36] Archivo Histórico de la Secretaría de Relaciones Exteriores de México, Exp. 42-29-31.

[37] Tamayo, sel. y notas, *Benito Juárez: documentos, discursos y correspondencia* [n. 29], tomo VI, pp. 168-169 y 396-397.

[38] Gustavo López Gutiérrez, "Chiapas en defensa de la patria: su participación ante la intervención francesa", en *Linares, Sinaloa, Durango, Tabasco y Chiapas en la guerra de intervención*, México, Sociedad Mexicana de Geografía y Estadística, 1963, p. 150.

[39] *Ibid.*, p. 161.

[40] Rafael Carrera murió en abril de 1865.

ricanos tenían una fea experiencia de lo perjudicial que resulta llamar a fuerzas extranjeras para inclinar la balanza en los conflictos internos, tal como habían procedido los liberales nicaragüenses con respecto a William Walker en cercanas fechas: 1855-1860. Lógicamente, el triunfo de los liberales mexicanos repercutiría favorablemente en la revolución guatemalteca de 1871. En la citada correspondencia de Romero aparecen los planes de Barrios para derrocar el orden clerical-conservador.

En cuanto al resto de la América Central hay poco que decir. Sus temores y preocupaciones tenían más que ver con las recientes aventuras de estadounidenses y la pugna entre Gran Bretaña y Estados Unidos por prevalecer en la codiciada región de potencialidades transoceánicas. El gobierno de Costa Rica propuso en 1862 a las repúblicas vecinas la firma de un convenio destinado a disuadir a Estados Unidos de nuevos amagos injerencistas.[41] En tanto, el proceso de reconocimiento de la independencia centroamericana por parte de España todavía estaba en curso.

Cuba era colonia de España, no obstante, ciertos cubanos patriotas tuvieron una positiva aportación a la derrota de los invasores. Los más nombrados y controvertidos —por su cercanía al general Jesús González Ortega— fueron los hermanos Manuel y Rafael de Quezada, oriundos de Camagüey. Para ellos los combates con ejércitos de formación europea constituyeron una escuela que les serviría para la guerra independentista cubana que estalló el 10 de octubre de 1868. Estallido en el cual influyeron las derrotas de España y Francia por las armas dominicanas y mexicanas.

Son menos conocidos los aportes a la causa antiimperialista de otro patriota cubano, Domingo Goicuría, quien no había vacilado en arriesgar su fortuna en favor de la independencia de Cuba. Pueden alegarse en detrimento de Goicuría ciertos momentos controvertidos de sus acciones en Cuba y Nicaragua —financiamiento de la expedición de Narciso López y colaboración fugaz con William Walker— pero no cabe duda de la trascendencia de su contribución con el gobierno liberal mexicano durante la Guerra de Reforma. La casa mercantil Goicuría-Santacilia fue decisiva al proporcionar los barcos que hicieron fracasar al general conservador pro imperialista Miramón en Antón Lizardo.[42] Por supuesto, el Santacilia mencionado es quien fuera secretario y yerno de Juárez, naci-

---

[41] Selser, *Cronología de las intervenciones extranjeras en América Latina* [n. 1], p. 125.

[42] Tamayo, sel. y notas, *Benito Juárez, documentos, discursos y correspondencia* [n. 29], tomo XV, pp. 985-987.

do en Santiago de Cuba, quien también proporcionó valiosos auxilios a la causa mexicana y de quien el Centro Tamayo ha publicado una abundante documentación.[43] En esa documentación hemos encontrado una nota periodística de Santacilia de evidente interés para el tema que estamos considerando:

> ¡Aclaración!
> A petición de un cubano que se encuentra actualmente entre nosotros, y que en esto de opiniones políticas es cuando menos tan rojo como el mismísimo Dantón, declaramos; que los vecinos de La Habana que pidieron al general Serrano manifestase a la reina la ventaja de unirse en la cuestión de México, etc., son todos peninsulares, es decir, españoles, tan españoles como el mismo Cid Campeador, lo cual quiere decir, que ningún criollo ha tomado parte en semejante manifestación [...] los tales señores eran empleados y funcionarios públicos [...] En cuanto a los cubanos, que son nuestros hermanos, sus simpatías están todas a favor de nuestro país.
>
> 14 de julio de 1862[44]

Al observar estas sintomáticas manifestaciones en diversas partes de nuestra América, del singular reflejo de la experiencia mexicana cabría preguntarse acerca de las razones profundas de cada una de las secuelas. Para mi comprensión de las diferentes percepciones e información acerca de las situaciones encadenadas son satisfactorias las reacciones para el caso chileno por cuanto toca a su proceso interno-externo. En lo referente a Perú la documentación citada tiene lugares pendientes de indagación y explicación. Estimo conveniente apuntar, que la serie periodística publicada por Francisco Zarco en la prensa chilena y peruana desempeñó un papel informativo y estimulante de primer orden.[45]

El laboreo diplomático de la burocracia imperial fue nefasto en este ámbito. En la nómina del Ministerio de Negocios Extranjeros del Imperio de 1864 aparece una interesante relación de legaciones y consulados en donde aparecen sólo cuatro localizaciones en el continente americano: una legación en Río de Janeiro; consulados, ninguno; un viceconsulado, en Kingston, Jamaica; otros de igual categoría en Fort de France, Martinica y en Santiago de Cuba (donde había un buen número de descendientes de franceses).[46] El imperio de Maximiliano estaba virtualmente aislado.

---

[43] Santacilia, *El hombre y su obra* [n. 4].

[44] *Ibid.*, p. 500.

[45] El Centro de Investigación Científica Jorge L. Tamayo editó las *Obras completas de Francisco Zarco*, compiladas por Boris Rosen, y las publicó en veinte tomos.

[46] Weckmann, *Las relaciones franco-mexicanas* [n. 6], tomo ii, p. 290, ref. 18 341.

Entre 1839 y 1853 se da un periodo en que no hubo misiones diplomáticas de México en Brasil.[47] Con el ascenso de Maximiliano al trono inventado por Luis Napoleón fue enviada una misión diplomática a Río de Janeiro encabezada por Pedro Escandón la cual fue recibida por la corte imperial brasileña con todos los honores protocolarios.[48] Sin embargo, los partidos políticos actuantes en ese escenario miraron "con antipatía y disgusto"[49] la transformación política de México, particularmente el llamado Partido Rojo, de tendencia republicana.

Era entonces representante de Chile en Brasil nada menos que José Victorino Lastarria, activo impugnador de la intervención en México, quien proporcionó posteriormente a Santiago Sierra, secretario de la misión mexicana a la América del Sur en 1878, el siguiente relato testimonial:

> Los representantes de Perú, Chile, Argentina y Uruguay se negaron constantemente a reconocer como ministro de México al señor Escandón, a pesar de las vivas instancias que Pedro II les hacía para ello. Frecuentemente hubieron de negarle hasta el saludo, y un día de besamanos el célebre poeta Mármol, ministro de la Argentina, se negó a darle la mano y a contestar a lo que el señor Escandón le decía. Parece que esta actitud colectiva preocupaba mucho al emperador, quien hizo gestiones formales para que Chile reconociera el imperio de Maximiliano. La más rotunda negativa acogió siempre estas propuestas, y la población liberal de Río de Janeiro manifestaba de cuantas maneras podía su desagrado por la presencia del pro-imperialista mexicano en el Brasil.[50]

De tal modo, ni siquiera en el imperio brasileño, con quien la pareja imperial tenía incómodos lazos de parentesco, pudieron hallar la intervención francesa y el emperador austriaco mexicanizado un reconocimiento satisfactorio.

Interesantes peripecias fueron las de la diplomacia ecuatoriana. En enero de 1861, Francisco de P. Pastor, cónsul encargado de negocios diplomáticos de Ecuador, fue expulsado por haber sido uno de los diplomáticos que favorecieron los amotinamientos de los generales conservadores Miramón y Zuloaga. Posteriormente quedó excluido de la medida. Según Ángel Núñez Ortega, "Ecuador se abstuvo de cualquier medida que pudiera interpretarse como un reconocimiento del gobierno de Maximi-

[47] J. M. González de Mendoza y Américo Jacobina Lacombe, comp. y notas, *Relaciones diplomáticas entre México y el Brasil*, México, SRE, 1964, pp. 420ss.

[48] *Ibid.*, pp. 450ss.

[49] *Ibid.*, pp. 462-463. Interesante informe de Escandón, 10 de marzo de 1865.

[50] *Ibid.*, núm. 161, p. 537.

liano".[51] Gobernaba despóticamente aquel país el controvertido Gabriel García Moreno, defensor de los jesuitas e impugnador de la expansión yanqui, quien no obstante las convicciones reaccionarias que le caracterizaban suspendió las relaciones con México bajo Maximiliano y no las restableció con Juárez por suspicacias e incompatibilidades ideológicas.[52]

Con la derrota de la intervención imperialista llegó el momento de los recuentos. En temprana ocasión el presidente Juárez ofreció un balance de las relaciones exteriores en el lapso transcurrido y su análisis reconoce la significación para la resistencia que encabezó de la reacción positiva a la causa mexicana de los países hispanoamericanos, vale la pena destacar este párrafo:

> El intento de la intervención monárquica europea hizo que sólo conservase México buenas relaciones de amistad con las repúblicas americanas, por la identidad de los mismos principios e instituciones democráticas. Durante nuestra lucha, aquellas repúblicas demostraron sus simpatías por la causa de la independencia y de la libertad de México. Los pueblos y los gobiernos de algunas repúblicas sudamericanas hicieron demostraciones especiales por los defensores de la causa de México, y por su gobierno. Recientemente ha venido un enviado de Bolivia, en misión especial, para presentar a la República cordiales felicitaciones por su triunfo.[53]

La reconstrucción histórica hecha por Ricardo López Muñoz acerca de la intervención francesa en México y su repercusión en Chile nos da una imagen coherente de sus derivaciones tanto en el terreno oficial como en la sociedad civil. Nos inspiró un camino hacia lo que puede obtenerse de una indagación documental y un análisis histórico más exhaustivo. Sobre todo nos alienta a obtener una visión más completa y auténtica en lo que respecta a las iniciativas, movilizaciones y capacidad organizadora de raigambre popular. Nos mueve a realizar un similar trabajo en relación con los "Defensores de la independencia americana" de Lima, la "Sociedad Unión Americana" de Sucre, Cochabamba, Oruro etc., en Bolivia, los clubes "Libertad y Progreso" de Buenos Aires, entre las más significativas agrupaciones populares creadas en el Cono Sur a raíz de los embates de reconquista europea.

Las obras de Francisco Bilbao revisten semejante interés, por ser su actividad teórica de relevante importancia en la toma de conciencia

---

[51] Guzmán y Guzmán, comps., *Las relaciones diplomáticas de México con Sudamérica* [n. 17], p. 25.

[52] Citado en Jorge Salvador Lara, *Breve historia contemporánea del Ecuador*, México, FCE, 1994, p. 392.

[53] En el primer periodo del Cuarto Congreso de la Unión, 8 de diciembre de 1867, Estrada, *Un siglo de relaciones internacionales de México* [n. 9], p. 106.

latinoamericanista de la época. Bilbao fue forjador de esa cultura política que sirvió de base intelectual a la erupción solidaria. Sus escritos y actividades previas a la agresión francesa fueron buena parte de los referentes ideales brindados por una cohorte de pensadores: Lastarria, Samper, Arosemena, Alberdi y Vicuña Mackenna,[54] entre otros. Bilbao nos proporciona elementos ideológicos e históricos para una lectura concentrada, principalmente, en los contextos que provocó la embestida francesa a México. Embestida que escandalizó a Bilbao, formado en el pensamiento de las grandes ideas liberales de la Revolución Francesa. El principal objeto de su ira será esa política de gran potencia dominadora, y desde luego, la tremenda urgencia de unir a todas las repúblicas para derrotar al nuevo espíritu de conquista nacido de la industrialización.

El interés que nos hemos propuesto es el de analizar la repercusión de la intervención imperialista de Francia en México en intelectuales y políticos que, como Francisco Bilbao, Vicuña Mackenna, los Matta y los Gallo, Fabio Melgar, Nicolás Corpancho y tantos otros, realizaron una gran labor latinoamericanista y llevaron adelante las iniciativas de solidaridad y auxilios que suscitó el acontecimiento en los medios oficiales y civiles. Mi acercamiento pone una representativa y articulada exposición que ilumina costados casi desconocidos de las implicaciones de las luchas de México en las repúblicas latinoamericanas. Desde ese punto de vista, el presente aporte tiene dos costados de sumo interés científico: por una parte tiende a conformar una visión integradora de nuestra historia, a sacarla del confinamiento localista en que son analizados ciertos hechos; del otro lado, confirma un camino parcialmente tomado en cuenta, las variables externas a considerar en la reconstrucción histórica no sólo proceden de Europa o Estados Unidos. A pesar de la incomunicación, del aislamiento, hechos trascendentes como los de Santo Domingo, México etc., desempeñaron un activo papel en el despertar y potenciamiento de nuevos proyectos de unión latinoamericanista.

Antes de que se produjeran los intentos europeos de recolonización, hacia 1856, el principal peligro que se cernía sobre Hispanoamérica era Estados Unidos. Lo que más temía Bilbao no eran los apetitos territoriales ya conocidos, como la idea de dominación universal que embriagaba a este país. El análisis y valoración está sucintamente contenido en Iniciativa de la América: idea de un Congreso Federal de las Repúblicas,

---

[54] Ricaurte Soler, pról., en Victorino Lastarria *et al.*, *Unión y confederación de los pueblos hispanoamericanos*, 2ª ed., México, UDUAL, 1979.

que fue una conferencia leída el 22 de junio de 1856 en París.[55] Bilbao advirtió en su época sobre los "imperios que pretenden renovar la idea de dominación del globo": Rusia y Estados Unidos. Uno de ellos con la "máscara del paneslavismo" y otro mediante el "individualismo yanqui". El chileno rechazó el pretexto de centralización unitaria para garantizar la paz: "la conquista es el sometimiento de la tierra a la unidad". Frente a tales propuestas[56] de sometimiento a naciones fuertes dispuestas a extender su poder a costa de las más débiles, Bilbao expresa un sentir auténticamente patriótico y humanista:

> Si tal es la unidad, no la queremos. No es ésa la idea que buscamos. Tal era la unidad de la conquista destronada por nuestros padres en el campo de la independencia. La unidad que buscamos es la identidad del derecho y la asociación del derecho. No queremos ejecutivos-monarquías, ni centralización despótica, ni conquista, ni pacificación teocrática. Mas la unidad que buscamos, es la asociación de las personalidades libres, hombres y pueblos, para conseguir la fraternidad universal.[57]

La insistencia mayor de Bilbao en 1856 es acerca del peligro que representa el espíritu dominador, mesiánico y utilitario de Estados Unidos. Admira a ese país en sus cualidades liberales, distingue "el momento heroico en sus anales" del momento amenazador de la autonomía de las repúblicas del sur, intenta encontrar explicación por intermedio del individualismo exacerbado ("La personalidad infatuada desciende al individualismo, su exageración al egoísmo, y de aquí, a la injusticia y a la dureza del corazón no hay más que un paso"),[58] pero, especialmente enfatiza la necesidad de unión, para la cual propone un plan práctico de asociación que conjuga elementos políticos, militares, mercantiles, jurídicos y educativos. Plan que volverá a replantear en *El Evangelio americano*. Sin embargo, como expresa López Muñoz, el acento antiyanqui pasó a un segundo plano ante la injerencia francesa en México.

---

[55] Este precedente parece sugerir un plagio por parte de la propuesta con el mismo nombre lanzada por el entonces presidente de Estados Unidos, George Bush.

[56] "En todo tiempo hemos visto imperar con más o menos fuerza, una idea, un dogma, un principio, y también a un pueblo o a una raza, representante de esa idea, extender su poderío moral o material sobre las demás naciones. Pero todas esas tentativas falaces de unidad han llenado la fosa de los siglos con la sangre más pura de la humanidad, tras el ensueño satánico de la monarquía universal", Francisco Bilbao, *Iniciativa de la América: idea de un Congreso Federal de las Repúblicas*, México, UNAM, 1978 (*Latinoamérica. Cuadernos de Cultura Latinoamericana*, núm. 3) p. 8.

[57] *Ibid.*, p. 9.

[58] *Ibid.*, p. 13.

También lo observó Nils Castro en estupendo prólogo a las obras de Justo Arosemena, coetáneo de Bilbao. En los momentos en los cuales se produjo la agresión europea sobre México, convergieron otros proyectos colonialistas impulsados por análogas razones y se llevó a cabo la prolongada guerra civil en Estados Unidos. Constituyó una coyuntura convulsiva del proceso de expansión del capitalismo a una escala geográfica mayor. Tantas circunstancias amenazadoras contribuyeron a que se convocara un Congreso Internacional Americano a celebrarse en Lima. Este cónclave tuvo lugar en la coyuntura del repliegue estadounidense por motivos internos y de la preocupación causada en varios países latinoamericanos por la intervención francesa en México para imponer una dinastía bajo su influencia, la reconquista anexionista de Santo Domingo por España y las actividades agresivas de la escuadra española frente a las costas peruanas y chilenas.[59] Habría que agregar a esto los rumores de que la oligarquía ecuatoriana buscaba un protectorado francés.[60]

Como bien acotó Nils Castro, para Arosemena —igual que para el Bilbao de *El Evangelio americano*— "el enemigo inmediato que se contemplaba ahora era Europa y no Estados Unidos".[61] Arosemena se opuso resueltamente a la participación en el Congreso de representantes de Estados Unidos, del México imperial y del Santo Domingo anexado.

El análisis entregado hasta aquí encierra grandes lecciones para la contemporaneidad. Si los sucesos de México generaron grandísima preocupación entre los coetáneos de la América nuestra es porque supieron ver la entraña de estos acontecimientos expansivos, revestidos de una idea engañosa de civilización y progreso. Apreciaron la enorme trascendencia de la libertad, la soberanía y la autodeterminación nacionales, la necesidad de unirse para enfrentar los peligros globalizadores. Eso lo vieron propios y extraños. De ahí la importancia de realzar las iniciativas neutralizadoras.

La resistencia mexicana a la agresión imperial encerró una gran lección, como comprendió y expuso A. L. Nolf, un liberal francés, en una de las primeras novelas que tomaron por escenario el heroico hecho. En el prólogo a *La hija de Oaxaca o la intervención francesa en Méxi*co (1867) hacía una extensa invitación a los lectores hispanoamericanos:

[59] Nils Castro, "Justo Arosemena, antiyanqui y latinoamericanista", prólogo a *Justo Arosemena: patria y federación*, La Habana, Casa de las Américas, 1977, p. 55.
[60] Lara, *Breve historia contemporánea del Ecuador* [n. 52], pp. 388-389.
[61] Castro, "Justo Arosemena" [n. 59], p. 56.

¿Eres ciudadano de una de las repúblicas hispanoamericanas? Lee y admira a México; admira el heroísmo de este joven pueblo rehusando morir bajo la presión de un poderoso ejército extranjero; admira el valor de esos hijos de la naturaleza, que apenas han puesto los labios sobre la copa embriagadora de la civilización, combaten y mueren por la independencia de su patria. A ti te toca, sobre todo, meditar estas páginas, porque verás en ellas que los proyectos ambiciosos de los déspotas europeos deben infaliblemente estrellarse ante la energía de todo pueblo que quiere guardar su autonomía.[62]

Quizás por razones de incomunicación el enigmático autor de esa obra desconocía que esa preocupación se había hallado en varios ilustres latinoamericanos, desde luego, justamente alarmados, tanto por sus conocimientos de los intríngulis europeos como por la capacidad previsora —no siempre escuchada por la élite dominante— de la cual dieron sobradas muestras.

Han sido importantes valoraciones de estos acontecimientos históricos las emitidas por Prim y Castelar, por Victor Hugo y Augusto Vacquerie, por Mazzini y Garibaldi, tantas veces citados en las biografías de Juárez y en el recuento de la fugaz intentona imperial. A los efectos de una historia patria de dimensión americana, por qué no decirlo, de trascendencia universal, el eco teórico y práctico en Bilbao, Arosemena, Lastarria, Mármol y Vicuña Mackenna es de la máxima relevancia y significación. Es de lamentar el poco caso asignado, hasta ahora, por una historia sociocéntrica oficialista que los ha minimizado arteramente. El rescate, la recuperación necesaria, hace aún más entusiasta la empresa rectificadora.

Cierto es que aparentemente poco pudieron lograr estos esforzados paladines de la soberanía y de la solidaridad interlatinoamericana. Precisamente los antecesores en el poder oligárquico de los actuales grupos dominantes distorsionadores de la historia, fueron los que hicieron fracasar estos magnos propósitos, y en tal atropello contaron con los intereses foráneos de esas mismas potencias determinadas a frustrar las resistencias criollas a sus planes de adaptación de la dependencia neocolonial.

A pesar de ello, de la debilidad de los lazos diplomáticos interlatinoamericanos, los hechos y los textos citados tienden a demostrar que los empeños por la unidad latinoamericana no han sido un puñado de sueños y buenas intenciones, nos muestra que hay trabajos de soterrada trascendencia que alimentaron la base de resistencia popular del continente

---

[62] A. L. Nolf, *La hija de Oaxaca o la intervención francesa en México* (1867), citado por René Avilés Rojas en *La guerra de intervención en dos libros: el libro de Hidalgo y la hija de Oaxaca*, México, Sociedad Mexicana de Geografía y Estadística, 1962, p. 66.

ante las diversas acometidas de la dependencia y dominación. Que no siempre ha habido docilidad y complacencia convenenciera ante las pretensiones e intereses de las potencias que han lastimado tradicionalmente las opciones de significación nacional en su sentido más amplio y democratizador.

Hoy, como en aquel no tan lejano ayer, México y, por extensión, toda la América nuestra están divididos entre una minoría poderosa, atenta a complacer las exigencias extranjeras como una forma cómoda de perpetuar privilegios en connivencia con el resguardo ajeno, y una mayoría dispuesta a arrostrar cualquier riesgo con tal de salvaguardar los intereses del conjunto nacional y preservar la dignidad soberana. Éstos son quienes tienen a Juárez por héroe paradigmático, como símbolo actuante dentro de una tradición política e ideológica que eleva a culto supremo la autodeterminación. En tanto los primeros están dispuestos a voltear la mirada para ignorar los atropellos imperialistas, las injerencias extraterritoriales y vuelven la espalda a la solidaridad latinoamericana, las mayorías populares apuestan a fortalecer aquella imagen de México que sirvió de admiración, aliento y nutriente de fraternidad genuinamente latinoamericanos.

La solidaridad latinoamericana

Patricia GALEANA

DESDE SU INDEPENDENCIA, el territorio mexicano, con forma de cuerno de la abundancia, fue una apetecible opción para las potencias imperialistas que buscarían ocupar el sitio de la antigua metrópoli.

Durante medio siglo de vida independiente se intentaron diversas formas de organización política para pasar el curso de la revolución y lograr estabilidad y desarrollo económico. Primero se ensayó con un imperio; después dos repúblicas federales frente a dos repúblicas unitarias; finalmente una dictadura prepararía el advenimiento de un segundo imperio.

En la guerra civil de Reforma México se escindió y coexistieron dos gobiernos durante toda una década. Éste fue el tiempo eje de subsistencia, en el que la fraternidad latinoamericana manifestó su solidaridad a los mexicanos. Liberales de diversos países de América Latina lucharon al lado de los mexicanos como el ex presidente colombiano José María Melo, que murió combatiendo en Chiapas en 1860. O los generales cubanos Domingo de Goicuría y Manuel de Quesada, quienes murieron después en su patria en la lucha por su independencia.

Ambos grupos beligerantes recurrieron al extranjero antes de dejarse vencer por su opositor, lo cual facilitó la intervención exterior.

La guerra civil acentuó la bancarrota en que el país había vivido desde su nacimiento. Los conservadores preparaban el establecimiento del segundo imperio con la intervención francesa.

El 11 de enero de 1861, el presidente del gobierno liberal, Benito Juárez, recuperó la Ciudad de México. El primer problema político al que tuvo que enfrentarse fue la fractura en su propio partido, que pedía la remoción de su gabinete. El presidente en un principio no aceptó, ya que consideró injusto prescindir de los secretarios que habían servido con lealtad al gobierno durante la guerra. Sin embargo, la discusión en torno a la Ley de Conspiradores hizo que se dieran cambios en el gabinete.

Los principios de esa ley contemplaban el destierro de los obispos, la expulsión de algunos representantes extranjeros e incluso la ejecución de algunas personas, como Isidro Díaz Lombardo, concuño de Miramón. Juan Antonio de la Fuente propuso que los cabecillas fueran juzgados y castigados conforme a las leyes, mas no desterrados. Al no haberse aceptado su propuesta, De la Fuente renunció a su ministerio.[1]

Melchor Ocampo, el hombre de confianza de Juárez, decretó la expulsión de los señores representantes de los gobiernos de España, Joaquín Francisco Pacheco; de Guatemala, Felipe Neri del Barrio; y de Ecuador, Francisco de P. Pastor. En febrero se revocó el acuerdo tomado contra el ministro ecuatoriano, en virtud de haberse aclarado que no había intervenido en la política interior de México.

Mediante circular del 12 de enero de 1861 fue expulsado el delegado pontificio, Luis Clementi, arzobispo de Damasco, por su intervención en la guerra civil.[2] También se desterró a los miembros de la Iglesia que habían participado en la guerra: al arzobispo Lázaro de la Garza y a los obispos Clemente de Jesús Munguía, Pedro Espinoza Dávalos, Pedro Barajas y Moreno y Joaquín Fernández de Madrid y Canal añadiéndose a éstos, de manera voluntaria, el obispo Francisco de Paula Verea.

Después de estas acciones, el canciller Ocampo también renunció y recomendó que renunciara todo el gabinete para que el presidente tuviera libertad de nombrar un nuevo equipo.

Además de los conflictos al interior de su gobierno, el gobierno juarista requería de recursos para subsistir y pacificar al país. Ante semejante situación se decidió por la moratoria y en el mes de julio declaró la suspensión de pagos de la deuda pública exterior por dos años.

Este hecho fue aprovechado por Napoleón III para justificar la intervención que, so pretexto de cobrar deudas, pretendió establecer en México un protectorado francés que sirviera de dique a Estados Unidos. El gobierno napoleónico instó a la conformación de una alianza de acreedores entre Francia, Inglaterra y España para cobrar sus deudas a México.

Alertado Juárez de la intervención tripartita suspendió la moratoria y logró romper la alianza, estableciendo acuerdos bilaterales con España e Inglaterra. El ejército napoleónico mostró sus verdaderas intenciones de establecer un gobierno monárquico aliado.

Mientras las tropas invasoras avanzaban sobre el territorio mexicano, diversas naciones latinoamericanas manifestaron su apoyo solidario al gobierno republicano. Los representantes de las repúblicas de El Salvador, Perú y Chile se pronunciaron contra la intervención francesa y el establecimiento de una monarquía en México. Sólo Guatemala apoyó al

[1] Jorge L. Tamayo, sel. y notas, *Benito Juárez: documentos, discursos y correspondencia*, México, Libros de México, 1972, tomo IV, p. 144.

[2] Expulsión del ministro español, AHSREM, Exp. H/323 (46:72)21 f, 30. Expulsión del ministro de Guatemala, *El Siglo XIX* (México), martes 15-I-1861, p. 3.

sistema monárquico y planteó su posible anexión a México en caso de que triunfara el Imperio.

Durante la vida del México independiente del siglo XIX, hubo varios intentos para lograr el viejo sueño de Alamán y de Bolívar: unificar a los países hispanoamericanos para oponerse a los intereses expansionistas de Estados Unidos. Pero estos intentos no fructificaron, fundamentalmente por la situación interna de cada una de las naciones de la América hispana, cuyos Estados se encontraban en proceso de consolidación.

Las relaciones diplomáticas de México con los países de Hispanoamérica habían sido armoniosas, exceptuando el caso del vecino país del sur con quien había diferencias limítrofes. La relación se tensó aún más con la expulsión del embajador guatemalteco, Felipe Neri del Barrio, que apoyó a los conservadores durante la guerra civil.

El ministro de Relaciones Exteriores de Guatemala, Pedro de Aycinena, rechazó la acusación que se hacía a Neri del Barrio, de haber sido el primero en reconocer al gobierno emanado del Plan de Tacubaya, que desconoció a la Constitución y al gobierno liberal. Argumentaba el ministro que Neri del Barrio se encontraba fuera de la Ciudad de México cuando se dieron los acontecimientos y que por lo tanto no había sido él quien indujo al cuerpo diplomático acreditado en México al reconocimiento de los conservadores, sino que fue el último en hacerlo.

Lo cierto es que Guatemala había manifestado su apoyo al gobierno conservador y después reconoció al Imperio. El acuerdo entre el monarquista mexicano, José María Gutiérrez de Estrada y Felipe Neri del Barrio se había traducido en que el presidente guatemalteco, Rafael Carrera, manifestó sus simpatías a Maximiliano.

Salvo el caso guatemalteco, el gobierno de Juárez recibió diversas muestras de apoyo de los países hermanos; la adversidad despertó nuevamente la solidaridad que se había dado en tiempos de las guerras de independencia de España.

El gobierno juarista revocó la expulsión del ministro ecuatoriano, Francisco de P. Pastor, que había reconocido por error al gobierno de la capital, por imitar a otros agentes diplomáticos; rectificó su posición y observó "una conducta circunspecta, neutral y prudente [...] sin injerir en manera alguna en las cuestiones domésticas del país".[3]

Por su parte, El Salvador manifestó expresamente su repudio al establecimiento de una monarquía en México. Su representante en Esta-

---

[3] Genaro Estrada, ed, *Las relaciones entre México y Perú: la misión de Corpancho en México*, México, SRE, 1971 (*AHDM*, primera serie, segunda edición, núm. 4), pp. 193-196.

dos Unidos, Antonio José Irrizari, pidió apoyo al gobierno norteamericano para preservar las instituciones republicanas y la autonomía del continente.

La República de Chile no sólo se pronunció contra el establecimiento de una monarquía en México, sino que propuso hacer una demostración de fuerza para manifestar la indignación de los países americanos ante la intervención europea. J. S. Asta Buruaga, encargado de negocios de la República de Chile en Washington, manifestó a Matías Romero que por instrucciones de su gobierno propondría a Estados Unidos encabezar dicha demostración para manifestar la condena de todo el continente contra el establecimiento de una monarquía en México. El representante chileno consideraba que Estados Unidos era el único país americano que podía contribuir, en ese momento, a la salvación de la América hispana.

Aunada a esta determinación el gobierno chileno ordenó al señor Ramón Sotomayor Balde el cambio de su residencia a San Luis Potosí, donde se encontraba Juárez, para dejar de residir cerca del gobierno de los traidores.

También de los venezolanos recibió México muestras comprometidas de solidaridad. Matías Romero notificó al secretario de Relaciones Exteriores que el general José Antonio Páez, quien había luchado al lado de Bolívar por la independencia de Venezuela y que fue varias veces presidente de ese país, manifestó "las más vivas simpatías por la causa de México", ofreciéndose desinteresadamente a luchar por ella. Pondría en tan noble objeto "sus relaciones, sus recursos y su persona misma junto con otros militares que estaban en la mejor disposición de tomar partido contra los franceses".[4]

Caso ejemplar de la fraternidad latinoamericana fue la actuación del ilustre representante de la República de Perú, Manuel Nicolás Corpancho. Ante la invasión tripartita, el ministro sudamericano entabló relaciones con Matías Romero en Washington y le externó su indignación ante la intervención. Consciente del peligro que representaba esa acción para todo el continente, se avocó a trabajar al lado del gobierno mexicano para lograr su liberación. Hizo extensiva su decisión al gobierno de Estados Unidos, indicando que Perú había expedido una circular a los gobiernos hispanoamericanos en que, después de señalar el peligro que corrían estas naciones, les invitaba a unirse a fin de enfrentar esta agresión común.

---

[4] Patricia Galeana, *México y el mundo: historia de sus relaciones exteriores*, México, Senado de la República, 1990, p. 168.

Nicolás Corpancho presentó a consideración del gobierno mexicano un tratado en el que se fijaban las bases de la Unión Americana. Éste había sido firmado primeramente en la capital de Chile por los plenipotenciarios de Ecuador, de Perú y del país anfitrión, siendo aprobado por sus respectivos gobiernos. Dicho Tratado de Unión sirvió de base para el de la Liga Fraternal, signado en el mismo sentido por Manuel Doblado, representante del gobierno mexicano nombrado para tal fin, y Nicolás Corpancho en representación de Perú. El tratado fue formalizado en el Palacio Nacional de México el 11 de junio de 1862. En reciprocidad, y como reconocimiento hacia el gobierno peruano por su apoyo solidario a México, la bandera de Perú fue enarbolada al lado de la bandera mexicana en las festividades patrias.

Consciente de la injusticia que sufría el país con la invasión, el ministro Corpancho no cesó en hacer todo lo que estuvo a su alcance para ayudar a la causa mexicana. Continuó su actividad diplomática en apoyo de nuestro país usando sus buenos oficios para lograr la reanudación de las relaciones entre México y Guatemala. Gran simpatía despertó en la República el representante de Perú.

Por lo anterior, un año después, al tomar los franceses la Ciudad de México, el subsecretario de Estado y Negocios Extranjeros de la Regencia, José Miguel Arroyo, expulsó al embajador peruano, obligándole a salir de la ciudad y del territorio mexicano en el plazo perentorio de tres días, porque su "presencia se considera incompatible con los deseos que envían a la Regencia de mantener buenas relaciones con la República de Perú".[5] Lamentablemente, don Nicolás Corpancho murió al hundirse el barco en que fue expulsado.

El sentimiento latinoamericano de simpatía hacia México se hace notorio en la memoria que el Ministerio de Relaciones Exteriores de Perú presenta al Congreso en agosto de 1864. El gobierno de la nación hermana considera que la causa no está perdida en México "porque el presidente don Benito Juárez sostiene todavía el gobierno republicano, del que es una personificación y un símbolo y, a su torno, se hallan huestes y entidades sociales que lo ayudan en su causa".[6]

No todos los países acreditados en México repudiaron la intervención francesa. Cada gobierno trataría la cuestión de acuerdo con sus

---

[5] Correspondencia entre la Legación de la República Mexicana en Washington, el Departamento de Estado de los Estados Unidos y el gobierno de México, con relación a la exportación de armas y municiones de guerra de los Estados Unidos para puertos de naciones beligerantes, Nueva York, s.e., 1866, p. 108.

[6] Tamayo, sel. y notas, cap. cxxv, Benito Juárez [n. 1], tomo ix, pp. 274-276.

relaciones con Francia. Fue el caso de Estados Unidos, que mientras su secretario de Estado, William H. Seward, daba ánimos a Matías Romero, ministro de México en Washington, también permitía que los consorcios norteños vendieran armas y bastimentos a las tropas imperiales francesas.

En México el ejército francés y los restos del ejército conservador, con sus generales Miramón, Márquez y Mejía, ocuparon casi sin resistencia las principales poblaciones del país. Al finalizar el año de 1863, los invasores eran dueños de la ruta de Veracruz a la capital, así como de las ciudades de Pachuca, Toluca, Querétaro, Morelia, Guanajuato, San Luis Potosí y Tampico. Mientras tanto, el presidente Juárez continuaba su éxodo por el norte del país, manteniendo viva a la República.

José María Iglesias, en las *Revistas históricas*, órgano de comunicación del gobierno juarista escribió:

> llama desde luego la atención que para nada se haya acordado Maximiliano de la América [Latina], lo cual consiste indudablemente en la seguridad que tiene de la oposición que en toda ella, con excepción acaso del Brasil, ha de encontrar en su usurpación del trono mexicano. Con el olvido completo de las Naciones Americanas, forma contraste el empeño manifiesto de entrar en relaciones diplomáticas hasta con las más remotas naciones europeas.[7]

Aunque el gobierno guatemalteco de Rafael Carrera también había reconocido al Imperio, se retractó de su propuesta anterior de anexarse a territorio mexicano en caso de lograrse la consolidación de la monarquía en México.

Fuera de Brasil y del vecino del sur, el gobierno republicano mantuvo el reconocimiento y la solidaridad de los demás países latinoamericanos. El ministro de Relaciones Exteriores de Perú, José G. Paz Soldán, presentó al Congreso de su país un reconocimiento al gobierno de Juárez:

> México ha sufrido una transformación política habiéndose constituido allí un Imperio, a cuyo frente se encuentra el archiduque Maximiliano, quien ha asumido el carácter de emperador de esa rica y poderosa sección del continente. Aún no está absolutamente terminada la pacificación de ese país, porque el presidente Benito Juárez sostiene todavía al gobierno republicano, del que es una personificación y un símbolo y, a su torno, se hallan huestes y entidades sociales que lo ayudan en su causa.[8]

---

[7] José María Iglesias, *Revistas históricas sobre la intervención francesa en México*, México, Porrúa, 1966 (col. *Sepan cuántos*, núm. 47), pp. 568-571.

[8] Estrada, ed., *Las relaciones entre México y Perú: la misión de Corpancho en México* [n. 3], pp. 203-204.

El gobierno de Uruguay envió una medalla de reconocimiento al presidente Juárez. Los gobiernos de Colombia y Venezuela plantearon la necesidad de recomendar una solemne declaración, por parte de sus respectivos poderes legislativos, en el sentido de que ambos países jamás reconocerían el establecimiento de monarquías en América apoyadas en fuerzas exteriores, ni gobiernos análogos sostenidos por otras naciones, ni mucho menos, protectorados. Se pronunciaron por una alianza de ambas Américas opuesta a los conservadores que conspiraban diariamente contra el progreso de la libertad verdadera.[9]

Los representantes de Chile, Colombia y Venezuela ejercían presión sobre el gobierno de Estados Unidos para que juntos hicieran causa común y solicitaran a Francia el retiro de sus tropas del suelo mexicano, a lo cual Seward siempre contestó con evasivas. El ministro venezolano afirmó al presidente de Estados Unidos que su país estaba dispuesto a unirse al gobierno de éste cuando tomara la decisión de declarar la guerra al gobierno francés.

En Colombia hubo manifiestos de adhesión a la causa juarista; estas expresiones culminaron con la declaración de que Juárez "merecía el bien de América" (2 de mayo de 1865).[10] También fue declarado Benemérito por la República Dominicana, mientras en Chile se organizaron colectas para auxiliar a los soldados republicanos heridos en la guerra. En tanto, el Congreso de Argentina aprobó dar el nombre de Benito Juárez a un poblado de la provincia de Buenos Aires.[11]

El 5 de agosto el gobierno republicano se estableció en Paso del Norte, hoy Ciudad Juárez. Desde ahí en una carta dirigida a su yerno Pedro Santacilia, el presidente Juárez analizaba con gran realismo la situación de México en el contexto internacional:

Sólo sería posible una colisión [de Estados Unidos] con la Francia si Maximiliano o Luis Napoleón provocaran a los Estados Unidos con alguno o algunos actos hostiles; pero es lo que menos harán porque tendrían que habérselas con un coloso a quien se humillarían para complacerlo en todo, prescindiendo sin rubor de la insolencia y del orgullo con que tratan a los débiles. Poco hay, pues, que esperar de los poderosos, porque éstos se respetan, porque se temen y los débiles son los únicos sacrificados, si por sí solos se procuran escarmentar a sus opresores. Nada de esto me sorprende porque hace mucho tiempo tengo la más fuerte convicción de que todo lo

[9] Uruguay envía una medalla a Juárez, Correspondencia de la legación mexicana en Washington [n. 5], tomo IV, p. 449.

[10] Archivo Juárez, Biblioteca Nacional, documento 70.

[11] "El Congreso argentino pone a un poblado el nombre de Benito Juárez", en Tamayo, sel. y notas, Benito Juárez [n. 1], tomo XII, p. 620.

que México no haga por sí mismo para ser libre, no debe esperar ni es conveniente que espere que otros gobiernos u otras naciones hagan por él.[12]

El 3 de octubre, amparado en la supuesta salida de Juárez del país, Bazaine convenció a Maximiliano de decretar una ley que declaraba a los republicanos gavillas de criminales y bandoleros. Ya anteriormente Maximiliano había tenido la idea de tomar una medida semejante para lograr el control del país.[13] Por esta ley "serán juzgados militarmente por las cortes marciales y, si se declarase que son culpables, aunque sea sólo del hecho de pertenecer a la banda, serán condenados a la pena capital que se ejecutará dentro de las primeras 24 horas después de pronunciada la sentencia".[14] La medida fue acompañada con una expedición arrolladora que dirigió el general en jefe del ejército francés para dominar al país, al mismo tiempo que se ofrecía una amnistía que pretendía acabar con la guerrilla republicana.

Con base en dicha ley fueron ejecutados muchos generales republicanos. La medida causó tal indignación, que se llegó a afirmar que hasta Miguel Miramón ofreció sus servicios al gobierno republicano para luchar contra el Imperio.[15] Henrik Eggers, joven danés que vino a México con el cuerpo de expedicionarios europeos a apoyar al Imperio, da cuenta en sus memorias de los horrores de esta guerra a muerte.[16]

En la opinión pública norteamericana y en el Congreso estadounidense hubo quienes se manifestaron en diversas ocasiones a favor de prestar una ayuda efectiva para acabar con la intervención francesa. Se consideraba como prioridad para la seguridad nacional de Estados Unidos que desapareciera la amenaza monárquica en el continente. En abril de 1864 el diputado Henry Winter Davis, presidente de la Comisión de Relaciones Exteriores de la Cámara, presentó una moción que condenaba "a la intervención francesa y al Imperio de Maximiliano".[17]

---

[12] Archivo Privado de don Benito Juárez y don Pedro Santacilia, Biblioteca Nacional, documento núm. 71.

[13] Konrad Ratz, *Querétaro: fin del Segundo Imperio mexicano*, México, CONACULTA, 2006, p. 386.

[14] *La Sociedad* (México), 4-x-1865, sección oficial.

[15] Gabriel Saldívar, *La misión confidencial de don Jesús Terán en Europa, 1863-1866*, México, SRE, 1943 (*AHDM*, segunda serie, núm. 1), p. 45.

[16] Eggers fue primero pagador del ejército y después miembro de las cortes marciales, Walter Astié-Burgos, ed., *Barón Henrik Eggers: memorias de México*, México, Porrúa, 2005, p. 123.

[17] El presidente de la Comisión de Relaciones Exteriores, Winter Davis, condena la intervención francesa y el Imperio, Correspondencia de la Legación Mexicana en Washington [n. 5], vol. IV, pp. 122-123.

El gobierno de Lincoln reconoció al de Juárez y dio a entender su inconformidad por la intervención, pero no se pronunció decididamente en contra del Imperio francés sino hasta el fin de su guerra civil. Entonces las relaciones de México con Estados Unidos tuvieron un buen momento. El presidente Juárez consideró que las relaciones con el vecino del norte "se conservan en los mejores términos".[18] Incluso en el orden personal, ya que Juárez estaba agradecido con Seward por las atenciones que le habían dispensado a su familia cuando ésta tuvo que trasladarse a ese país con motivo de la guerra.[19]

A pesar de tales consideraciones, el 14 de agosto de 1867, Seward, sin informar oficialmente a México, o al menos al representante en Washington, Matías Romero, acreditó a Marcos Otterbourg como ministro de Estados Unidos ante el gobierno de México, con la instrucción de proteger a los súbditos franceses y prusianos en el país.[20] Aun con estos antecedentes, Juárez tuvo que recibir oficialmente las credenciales de Otterbourg el 19 de agosto.[21]

En su discurso de presentación Otterbourg señaló que Estados Unidos había sostenido la integridad de México: "El gobierno del pueblo americano, fiel a sus deberes internacionales y a las obligaciones que tiene para con sus propios ciudadanos y para con las demás naciones, ha sostenido con una fidelidad, un honor y una integridad que le aseguraron el respeto del mundo civilizado, la causa del republicanismo y con ella la integridad de México".[22] A lo que el presidente Juárez le contestó, diplomáticamente, que México libremente había mantenido su integridad: "Los Estados Unidos han dado la fuerza de su apoyo moral a la causa del republicanismo en todas partes y a su libre conservación en México, sosteniendo los principios justos del derecho internacional".[23]

De estos hechos derivó la Doctrina Juárez de defensa de la soberanía nacional, la autoridad de los pueblos, de la igualdad de los Estados, de la no intervención extranjera: "México es un pueblo tan libre, tan soberano, tan independiente como los más poderosos de la tierra [...] tengamos fe en la justicia de nuestra causa, tengamos fe en nuestros propios es-

---

[18] *Ibid.*, folio 2039, caja 6.
[19] Archivo Matías Romero, Biblioteca Nacional, folio 2039, caja 6.
[20] Biblioteca Nacional, Archivo Juárez, documento 3912.
[21] *El Siglo XIX* (México), 21-VIII-1867, p. 3.
[22] *Ibid.*
[23] *Ibid.*

fuerzos y unidos salvaremos a nuestra Patria" y a "los principios de respeto y de inviolabilidad de la soberanía de las naciones".[24]

La Doctrina Juárez fue retomada por Carranza al triunfo de la Revolución Mexicana y también influyó en la Doctrina Estrada de no reconocimiento o desconocimiento a los gobiernos que cada pueblo decide darse. Estos principios históricos están consagrados en la Constitución vigente en México, en su artículo 89°, que establece los lineamientos que debe observar la política exterior mexicana.

La fraternidad de nuestra América, la latina, fue, como puede constatarse, la que apoyó a México a lo largo de toda la década de guerra civil y de ocupación extranjera. Esta solidaridad latinoamericana fue fundamental para infundir ánimo en los republicanos mexicanos, con la convicción de que la justicia estaba de su parte y habrían de triunfar "sosteniendo los justos principios del derecho internacional".

En su discurso del 8 de diciembre de 1867, Juárez expresó que los pueblos y los gobiernos de las repúblicas hermanas de América Latina "hicieron demostraciones especiales por los defensores de la causa de México y por su gobierno. Recientemente ha venido un enviado de Bolivia, en misión especial, para presentar a la República cordiales felicitaciones por su triunfo".[25]

---

[24] Manifiesto de Benito Juárez, México, 12 de abril de 1862, en Tamayo, sel. y notas, *Benito Juárez* [n. 1], tomo VI, p. 246.

[25] Discurso de inauguración de Benito Juárez en el Cuarto Congreso, 8 de diciembre de 1867, cap. XII, *ibid.*, pp. 887-891.

El Benemérito de las Américas:
Benito Juárez y República Dominicana

Por *Pablo A.* Maríñez

EL 11 DE MAYO DE 1867, veintiún años antes de que ambos países establecieran relaciones diplomáticas, ante los acontecimientos que se producían en México, el Congreso dominicano proclamó a Benito Juárez "Benemérito de las Américas". En efecto, ésa fue la respuesta que se dio a la moción presentada por el diputado Antonio Delfín Madrigal (1824-1889), al informar sobre las noticias que tenía acerca del triunfo que estaba obteniendo Juárez sobre las tropas interventoras en su país, días antes de que se hiciera prisionero a Maximiliano en Querétaro. Ese 11 de mayo, "a invitación de la presidencia que puso de manifiesto la idéntica causa en que se hallaban México y Santo Domingo, la Cámara toda se puso de pie en honor del presidente Juárez, aplaudiendo de este modo el triunfo de la causa republicana en México y tomando en consideración lo propuesto por el diputado Madrigal", se hizo la declaración que serviría de "ejemplo a las demás repúblicas hermanas que quisiesen mostrar su simpatía por la causa de la libertad de México, a la que no dudaba debía seguirse la de toda la América de uno a otro extremo". El acta de dicha sesión del Congreso da cuenta del número de diputados asistentes, cuya mayoría gozaba de una larga trayectoria política, entre ellos varios ex secretarios de Estado, incluyendo un ex canciller.

En marzo de 1950, ochenta y tres años después de tan significativo acontecimiento y en ocasión de celebrarse el ciento cuarenta y cuatro aniversario del natalicio de Benito Juárez, el embajador de México en República Dominicana, José de Jesús Núñez y Domínguez, manifestaba en la prensa local que el homenaje americano a Juárez del que se tenía mayor conocimiento era el rendido por el Congreso Nacional de Colombia, quien en decreto promulgado el 1º de mayo de 1867 declaró que el presidente Juárez

> ha merecido bien de América por la abnegación y la incontrastable perseverancia desplegada en la defensa de la independencia y libertad de su patria [pero que] otro pueblo de América, no por pequeño menos valioso en sus manifestaciones, también lo declaró Benemérito de las Américas por voz de su Congreso. Ese pueblo fue el de República Dominicana, y justo me parece que este acto casi o por completo ignora-

do en México, sea conocido ampliamente porque revela una vez más los estrechos
lazos de amistad en que han encontrado siempre eco las vicisitudes mexicanas.

En junio de 1987, ciento veinte años después de aquella célebre declaración del Congreso Nacional de República Dominicana, la Comisión de Nomenclatura y Regencia de la Ciudad de México decidió hacerle un reconocimiento al diputado dominicano que hiciera la propuesta, Antonio Delfín Madrigal, designando con su nombre una importante avenida en la delegación Coyoacán, en los alrededores de Ciudad Universitaria. La avenida Antonio Delfín Madrigal vino a remplazar a las que hasta ese momento se denominaban avenida de Las Dalias y avenida Azahares. Ese mismo día también fue designada otra avenida con el nombre de otro ilustre dominicano, mucho más reconocido en México por sus aportaciones culturales. Nos referimos a Pedro Henríquez Ureña. El hecho quizás no constituyó una noticia para la prensa mexicana, pero en cambio sí lo fue en República Dominicana, donde los principales diarios del país destacaron el homenaje, al que se trasladó una delegación presidida por Manuel de Jesús Goico Castro, miembro de la Academia Dominicana de la Historia y presidente del Instituto Cultural Dominico Mexicano.

Trasfondo histórico y político

¿CÓMO se explica que el Congreso dominicano aprobara la moción del diputado Antonio Delfín Madrigal, de otorgarle el título de Benemérito de las Américas a Benito Juárez, cuando entre los dos países ni siquiera se habían establecido relaciones diplomáticas? Si bien es cierto que existían algunos antecedentes que contribuirían a estrechar las relaciones, como el hecho de que José Núñez de Cáceres, prócer del primer intento de independencia de República Dominicana, en 1821 encontrara en México su segunda patria, al radicar en Tamaulipas de 1826 a 1846, lo mismo que su discípulo, el también dominicano Simón de Portes, uno de cuyos nietos, Emilio Portes Gil, llegaría a la presidencia de México a finales de la década de 1920, lo fundamental, desde nuestro punto de vista, es la coincidencia en los procesos histórico-sociales y políticos de ambos países. República Dominicana había alcanzado su independencia el 27 de febrero de 1844, pero a diferencia de casi toda Hispanoamérica no la logra de España, sino de Haití, país que lo había ocupado durante veintidós años, de 1822 a 1844. Pero esto no es lo significativo, sino que República Dominicana, al igual que México, también tuvo un Santana. Nos referimos a la controversial figura del general Pedro Santana, quien ocuparía la presidencia de la República en seis oportunidades, y en 1861, diecisiete años después de su independencia, pide la anexión a España, hecho que daría lugar a un profundo movimiento nacionalista de carácter armado, bajo el liderazgo del general Gregorio Luperón, que se conoce como la Guerra de Restauración, la cual fue lograda en 1865 con la expulsión de las tropas españolas. Por tal razón, en 1867 se encontraban en el gobierno los sectores liberales, más sensibles al nacionalismo y a la defensa de la soberanía, a los cuales pertenecía el diputado Madrigal. El presidente de la República era el general José María Cabral (1819-1899), uno de los más destacados combatientes de la Guerra de Restauración. En dicha contienda, República Dominicana perdió miles de hombres en la modalidad de guerra de guerrillas. Como resultado, el país quedó devastado económicamente, sobre todo en su producción agropecuaria. Pero también alrededor de dicha Guerra Restauradora surgió y se desarrolló el más avanzado movimiento del pensamiento social dominicano, que lo llevaría a estar conectado y darle seguimiento a los hechos políticos más significativos que se producían en el continente. Eran años difíciles, pues se desarrollaba la Guerra de Secesión en Estados Unidos, la intervención francesa en México y los intentos de España por recuperar, en algunas de sus colonias, el dominio perdido décadas antes, como fue el caso de Perú.

Paralelismos y coincidencias

Así como ambos países contaron con caudillos conservadores controversiales, como Pedro Santana en República Dominicana y Antonio López de Santa Anna en México (quien por cierto vivió diez y seis meses de exilio en República Dominicana), las guerras restauradoras en estas naciones produjeron figuras históricas: Benito Juárez, el más genuino representante de la defensa de la soberanía nacional en México, y el general Gregorio Luperón, héroe de la Guerra de Restauración en República Dominicana. En ambos puede trazarse un paralelismo sumamente interesante. De origen humilde, uno indígena, zapoteco; el otro, mulato, de ascendencia africana, los dos supieron apegarse a los ideales más avanzados del pensamiento político y social de la época. El liderazgo de Juárez en México y el de Luperón en República Dominicana, así como las transformaciones políticas y sociales que ambos impulsaron, permitieron que mestizos y mulatos lograran un importante ascenso en la vida política y social de sus respectivos países.

Pero los paralelismos y coincidencias no se detienen allí. El general Porfirio Díaz, lugarteniente de Juárez, llegaría pronto al poder y establecería un gobierno autoritario por más de tres décadas, hasta 1910, en que se inicia la revolución, de la misma manera que el general Ulises Heureaux, lugarteniente de Luperón, también llegaría al poder para ejercer un gobierno dictatorial durante catorce años, primero durante dos años, de 1882 a 1884, y después durante doce años, de 1887 a 1899, en que cae abatido a balazos, dando inicio un largo periodo de inestabilidad política hasta producirse la ocupación militar de Estados Unidos, de 1916 a 1924.

En julio de 1972, una delegación de once congresistas mexicanos, encabezada por el presidente de la gran comisión de la Cámara de Senadores de México, senador Enrique Olivares Santana, visitó Santo Domingo para hacer entrega de una estatua en bronce de Benito Juárez, misma que fue colocada y develada en el recinto del Congreso Nacional Dominicano, como agradecimiento por haber otorgado el título de Benemérito de las Américas al insigne mexicano.

Meses después, en diciembre de 1972, en la develación de la gigantesca estatua en bronce del Benemérito de las Américas en Santo Domingo, en una plaza rodeada por dos importantes avenidas, Joaquín Balaguer, entonces presidente de la República, señalaba lo siguiente:

> Con la estatua de don Benito Juárez, que hoy se inaugura, ocurrirá algo parecido a lo que ocurrió con la que se erigió a Ariosto en la ciudad de Ferrara. El pequeño indio oaxaqueño, cuya estatura ha crecido hasta conquistar el derecho de figurar en la galería de los héroes verdaderamente universales, permanecerá aquí para siempre, inmutable en la serenidad del bronce y rodeado de la veneración y el cariño de este pueblo que ha visto siempre en él a uno de los más grandes ciudadanos de América, y el hombre que ha interpretado más fielmente la tradición democrática de nuestra raza, fijándola en principios jurídicos y políticos invulnerables y en instituciones imperecederas.

En julio de 1984, doce años después de los referidos actos, el Ayuntamiento de Santo Domingo inauguraba una importante calle de la capital dominicana con el nombre de José de Jesús Núñez y Domínguez, el diplomático y embajador de México en República Dominicana en la década de 1950, quien brindó protección a los perseguidos políticos por la tiranía de Trujillo. Núñez y Domínguez fue el mismo embajador mexicano que el 21 de marzo de 1950, con motivo de la celebración del ciento cuarenta y cuatro aniversario del natalicio del insigne prócer Benito Juárez, publicó un artículo en la prensa dominicana titulado "La República Dominicana fue la que proclamó a Juárez Benemérito de las Américas". José de Jesús Núñez y Domínguez había dado muestras de interés por explorar y difundir los vínculos históricos y culturales existentes entre ambos países. Precisamente, en el año 1950 publicó un libro en Santo Domingo con el título *El tapado de México y el de Santo Domingo*, que incluye dos trabajos del historiador fray Cipriano de Utrera. A este tipo de literatura se agregarían, décadas después, los libros *El negrito poeta mexicano y el dominicano: ¿realidad o fantasía?* y *Alfonso Reyes, Pedro Henríquez Ureña: correspondencia, 1907-1914.*[1]

Son muchos los vínculos históricos, políticos y culturales existentes entre ambos países, pero el más importante de todos es el título otorgado por el Congreso dominicano a don Benito Juárez, como Benemérito de la América, un 11 de mayo de 1867.

---

[1] Eduardo Matos Moctezuma, *El negrito poeta mexicano y el dominicano: ¿realidad o fantasía?*, México, Porrúa, 1980; y José Luis Martínez, ed., *Alfonso Reyes, Pedro Henríquez Ureña: correspondencia, 1907-1914*, México, FCE, 1986.

Cuba en el entorno militar de Benito Juárez

Por *René* GONZÁLEZ BARRIOS

L A CONVULSA E INTENSA HISTORIA de las seis primeras décadas del siglo XIX mexicano se vincula a Cuba por diversas razones, entre ellas, y muy especialmente, la militar. De Cuba, como base segura de operaciones del ejército español en el continente, partieron entonces a México los infructuosos refuerzos bélicos por perpetuar el Virreinato de la Nueva España. Partió también en 1829 la expedición del brigadier Isidro Barradas —derrotada en Tampico, Tamaulipas— y las tropas españolas que junto a Inglaterra pretendieron apoyar la instauración del Imperio francés de Maximiliano en 1862.

Pero no sólo amenazas y agresores llegaron a México provenientes de la Isla. Poco estudiado ha sido el hecho de que decenas de hijos de la mayor de las Antillas, por vías y motivos muy diversos, viajaron a la patria de Benito Juárez y en ella tomaron parte activa en la carrera de las armas. Varios de aquellos hombres se convirtieron en protagonistas excepcionales de la historia mexicana, marcando pautas por su participación en hechos trascendentales de la vida político-militar de la hermana nación y en la consolidación de su independencia y soberanía.

Aquellos cubanos, con su integración al ejército mexicano, mayoritariamente buscaron experiencias militares para posteriores proyectos independentistas en Cuba, así como el apoyo solidario para esos fines de los militares mexicanos con quienes compartieron las vicisitudes, privaciones, éxitos y fracasos de las diferentes campañas.

Prácticamente no hubo un acontecimiento importante de aquel periodo en el que no estuviese presente un militar cubano. En fecha tan temprana como el 24 de febrero de 1821, aparecen los nombres de los cubanos Pedro Ampudia Grimarest, Juan Valentín Amador, José Joaquín Calvo, Jerónimo Cardona, Manuel de Céspedes Torréntegui, Antonio Elosua y Antonio Gaona —todos ellos, años después, generales del ejército mexicano— aceptando el Plan de Iguala.[1]

---

[1] Programa político lanzado el 24 de febrero de 1821 por el general Agustín de Iturbide, proclamando la independencia de México y la instauración del gobierno trigarante o de las tres garantías: independencia de España; Iglesia católica como única para toda la nación; e igualdad de todos los mexicanos.

En las grandes batallas de su historia, México vio combatir como bravos a hijos de Cuba. De especial manera se aprecia el protagonismo cubano en las luchas contra las invasiones texanas en 1835 y 1836 y la invasión norteamericana de 1846 a 1848. Los nombres de los generales Pedro Ampudia, Juan Valentín Amador —quien fungió como cuartel-maestre del ejército mexicano en Texas en 1836—, Jerónimo Cardona, Manuel Fernández Castrillón —muerto en la Batalla de San Jacinto, Texas, el 21 de abril de 1836 cuando fungía como jefe del Estado Mayor del general Antonio López de Santa Anna—, Antonio Gaona, Pedro Lemus, Anastasio Parrodi y Florencio Villarreal, así como el de otros oficiales y clases, se mezclan con los de mexicanos que escribieron con sudor y sangre páginas heroicas en aquellos instantes dolorosos para México.

Años después, el 1º de marzo de 1854, el coronel cubano Florencio Villarreal, apoyado por el general habanero José María Pérez Hernández, lanzaba el histórico y trascendental Plan de Ayutla.[2]

Muchos de aquellos hombres ocuparon puestos clave en la vida po-lítico militar mexicana y fueron gobernadores o comandantes militares de las principales plazas del país. Dos de ellos, los generales de división Anastasio Parrodi y Pedro Ampudia Grimarest, fueron ministros de Gue-rra y Marina del gobierno de Benito Juárez durante la Guerra de Reforma.

Aunque el tema es rico y profuso en información[3] analizaremos de manera somera algunos de los elementos que nos inducen a meditar sobre la familiaridad del tema cubano en el entorno militar de Benito Juárez.

Combatientes cubanos
que antecedieron el quehacer político
de Benito Juárez o le fueron contemporáneos

LA múltiple presencia cubana en México necesariamente tuvo que tras-cender y llamar la atención de Benito Juárez, quien en el decursar de su vida política y social coincidió con ellos y los tuvo de compañeros en la tribuna, el congreso, el gobierno, el exilio y las guerras. Sus actos respec-to a Cuba, denotan inclinación y simpatía hacia nuestro pueblo y país.

Tal vez por ello los cubanos lo alabaron tanto, principalmente el ge-neral Domingo Goicuría y los poetas Juan Clemente Zenea y Pedro

---

[2] Este plan marca el rompimiento del ejército y la sociedad mexicana con el gobierno dictatorial del general Antonio López de Santa Anna.

[3] El autor de este artículo trabaja en un libro sobre la presencia cubana en la Indepen-dencia y Revolución mexicanas.

Santacilia, sus amigos íntimos. Quizás por ello también, a él acudieron en busca de reconocimiento y apoyo varios de los militares cubanos cuando necesitaron su espaldarazo.

Cuando Benito Juárez ocupó la presidencia de la República el 19 de enero de 1858 y estableció su gobierno en Guadalajara, hizo responsable de la conducción de los asuntos militares del país al cubano Anastasio Parrodi, a quién nombró el 15 de marzo y hasta el 3 de abril de ese mismo año, ministro de Guerra y Marina.

Tuvo Parrodi la misión de garantizar con operaciones militares el traslado del gobierno al estado de Veracruz, concentrando sobre sí la presión de las fuerzas conservadoras. Ya en Veracruz, el 28 de abril de 1859 Juárez designó al también cubano general Pedro Ampudia Grimarest como ministro de Guerra y Marina, responsabilidad que desempeñó hasta el 20 de septiembre de 1860.

Ambos militares liberales contaban con extraordinarias hojas de servicio en el ejército mexicano por combatir la reacción y las invasiones norteamericanas. Durante el Imperio francés de Maximiliano, Parrodi y Ampudia, muy enfermos, permanecieron en la capital mexicana y fueron vigilados y marginados por los servidores leales al emperador.

Parrodi falleció el 9 de enero de 1867 en la Ciudad de México a causa de una pulmonía. Ampudia, encamado desde 1864 por una grave dolencia que le acompañó desde las campañas de Texas, murió el 7 de agosto de 1868. El 12 de mayo de ese año, tal vez reprochándose su actitud pasiva ante el Imperio francés, había escrito al presidente Juárez: "más que las dolencias físicas las morales atormentan mi espíritu".[4] Murió pobre dejando a su familia en total miseria. Juárez, de su peculio, cubrió los gastos del funeral.[5]

Otros militares cubanos vinculados a Juárez fueron los generales José María Pérez Hernández y Florencio Villarreal, ambos subordinados del general de división Juan Álvarez y compañeros de Juárez durante la Revolución de Ayutla en 1854. Villarreal, emblema del liberalismo mexicano, guardaba prisión en el Convento de Las Brígidas, en octubre de 1867, acusado de haber servido al Imperio. Al respecto, el propio Villarreal escribió a Juárez explicando su situación:

---

[4] Secretaría de la Defensa Nacional, México, Dirección General de Archivo e Historia, Archivo de Cancelados, Expediente xi/iii /1-221, Folio 181, primer tomo.

[5] Manuel Mestre Ghigliazza, *Documentos y datos para la historia de Tabasco*, Villahermosa, Universidad Juárez Autónoma de Tabasco, 1984, tomo iv, p. 518.

Prisión de Las Brígidas, octubre 22 de 1867

Ciudadano presidente
Don Benito Juárez

Muy señor mío de todo mi respeto:

Bajo la acusación de haber traicionado a mis deberes, tengo necesidad de dirigirme a usted que en algún tiempo me ha honrado con su amistad, para explicarle mi conducta y obtener del supremo gobierno la consideración que ha tenido con muchos otros que acaso no podrán explicar tan sencillamente lo erróneo de las apariencias que los condenan.

Recordará usted que la víspera de su marcha, postrado en cama, mandé ver a usted con un hijo mío, suplicándole me mandara dar un auxilio para marchar en seguimiento del gobierno, contestándome que no había recursos. Mi esposa murió a poco, dejándome dos niños de pequeña edad y lleno de miserias no podía abandonar a mis hijos, permaneciendo por esto en la capital.

Después que el ejército francés ocupó la capital no me presenté a autoridad alguna y en todo ese tiempo tampoco obtuve cargo alguno, hasta la marcha de Maximiliano al interior, en que, sin solicitarlo, fui nombrado su ayudante. No puedo creer que ese nombramiento tuviera más objeto que el de vigilarme más de cerca, pues nunca fui llamado a jurar ni a prestar ningún servicio; jamás conocí ni hablé a Maximiliano y no puedo presumir que el tal nombramiento haya tenido más origen que la mala voluntad de los conservadores, que nunca olvidan que tuve la gloria de proclamar el Plan de Ayutla.

Mis opiniones son bien conocidas para usted, señor presidente, y yo confío en que usted aliviará mi afligida situación, si tiene a bien mandarme poner en libertad con los requisitos indispensables a la seguridad de mi persona, en el caso que sea necesaria mi comparecencia ante las autoridades. Favor a que eternamente vivirá reconocido su atento y siempre afectísimo amigo que con todo respeto b.s.m.

Florencio Villarreal[6]

El presidente Juárez, sensibilizado con la carta de Villarreal, escribió sobre ella la siguiente nota: "Que haga una solicitud para que pueda recaer un acuerdo y se hará lo posible en su favor".[7] Meses después, Villarreal solicita humildemente a Juárez, una entrevista:

---

[6] Genaro Estrada, ed., *Benito Juárez: documentos, discursos y correspondencia*, México, Libros de México, 1974, tomo 12, pp. 702-703.
[7] *Ibid.*

México, abril 2 de 1868

Ciudadano presidente Benito Juárez
(México)

Apreciable señor de mi mayor respeto:

Desde el regreso de usted a esta capital, he tenido positivos deseos de presentármele personalmente, para saludarlo expresivamente según me lo exige la gratitud al recordar las muchas consideraciones con que en otros tiempos se ha dignado honrarme; pero privado de la libertad con la prisión que entonces sufría y las justas reflexiones que después hacía al considerar a usted cercado de negocios de alta importancia, que en manera alguna debía interrumpir, me obligaron a suspender mi resolución hasta hoy que, impulsado por iguales principios, le suplico se sirva concederme una audiencia para el día y hora que tuviese a bien acordar, pues en ella espero desvanecer equivocaciones para hacerme digno de su antigua amistad.

Favor que no duda alcanzará de su bondad, su atento y muy adicto servidor q.b.s.m.

Florencio Villarreal[8]

En esta ocasión, el presidente mexicano escribiría sobre la carta: "Que venga dentro de algunos días, porque ahora está algo indispuesto".[9]

El 24 de agosto de 1868, fallecía Villarreal en el hospital de San Pablo de la Ciudad de México. En honor a tan distinguido militar y patriota, el 2 de noviembre de 1899 el XIV Congreso Constitucional del estado de Guerrero dio su nombre a uno de sus municipios.

El tratamiento ofrecido por Juárez a los generales Ampudia y Villarreal, aún después de sus polémicas actitudes ante el Segundo Imperio, exonera a ambos ante cualquier duda histórica. Y como si ésta quisiera ser más benévola con aquellos esforzados patriotas cubanos, los restos de sus ministros cubanos de Guerra y Marina le acompañan en el Panteón de San Fernando de la Ciudad de México: los de Ampudia a sólo cinco metros frente a los suyos y unos quince metros después, en el mismo camposanto, los de Parrodi. En el entorno de Juárez se encontraba el general cubano Benito Zenea, gobernador del estado de Querétaro hasta julio de 1870 en que decidió pasar a la vida privada.

A Juárez también sirvieron en la guerra contra los franceses los hermanos Manuel y Rafael de Quesada, brigadier y coronel, respectivamente, del ejército mexicano, de prestigiosa actuación en aquella con-

---

[8] *Ibid.*, tomo 13.
[9] *Ibid.*

tienda. Manuel prestó excelentes servicios en la protección del presidente durante su traslado a San Luis Potosí y a Saltillo, al norte del país, perseguido por las fuerzas imperiales. Ambos tomaron parte en la batalla de Puebla y fueron referencia frecuente de Juárez en su correspondencia con Pedro Santacilia.

Contra los franceses combatieron también los coroneles Luis Eduardo del Cristo, Rafael Bobadilla y Francisco León Tamayo Viedman, el médico comandante Rafael Argílagos Guimferrer y el capitán Félix Aguirre. Todos marcharon a Cuba a pelear por su independencia al comenzar la Guerra de los Diez Años (1868-1878). Del Cristo y Bobadilla murieron en combate. Tamayo fue fusilado por los españoles.

Otras decenas de combatientes cubanos fueron leales a Juárez y a la causa de la independencia de México.

Amistad y deuda de gratitud patriótica con el general cubano Domingo Goicuría

Tras su paso por La Habana a finales de 1853 después de haber sido deportado por Santa Anna, Juárez se radicó en la ciudad norteamericana de Nueva Orleáns, donde ganará el pan como sencillo y modesto tabaquero. Allí conoció a destacados revolucionarios mexicanos con quienes trabajó mancomunadamente por el regreso a la patria y la conquista del poder político, y a dos cubanos que marcarían su vida personal y familiar: el general Domingo Goicuría y el poeta Pedro Santacilia.

El primero se convertiría en importante financiero y agente logístico de Juárez durante la campaña de la Reforma y la lucha contra Maximiliano, y el segundo en el yerno querido a quien quiso como un hijo y entregó la custodia de toda la familia mientras él dedicaba sus mayores esfuerzos a la lucha por el porvenir de México.

Goicuría y Santacilia eran copropietarios en aquella ciudad norteamericana de una casa comercial cuyos fondos y recursos pusieron a disposición de Juárez. El 29 de enero de 1869, momentos antes de partir hacia Cuba a pelear por la independencia, Domingo Goicuría escribía a Juárez solicitándole ahora ayuda para la causa de Cuba. En aquella carta le decía:

> yo me atrevo en nombre de Cuba, pedir a usted un socorro inmediato para salvarla de la destrucción que se prometen hacer allí esos bárbaros que la han dominado, según han dado ya pruebas, en el hecho de llevar en triunfo las orejas de los patriotas, que en un encuentro de armas tuvieron cerca de Santiago de Cuba y cuyo bruto alarde

presenció aquel pueblo. Si esto es el principio ¿qué será cuando empiece la lucha a ser más reñida? Los españoles serán españoles y nada más que españoles. Usted los conoce. Pues bien, México no tiene tratados de ninguna consideración para con España, así sus puertos deben ser el lugar de nuestro punto de partida y organización. ¿Podemos contar con esto? [...] Podrá México ser la primera nación que nos declare beligerantes. Esté usted seguro que triunfaremos.[10]

En esa misma carta le recordaba el momento en que "estuvimos en San Juan de Ulúa cuando triunfamos de la reacción",[11] lamentando no poder acompañarlo ahora "en persona como entonces".[12]

Se refería el ilustre cubano a la época en que el gobierno constitucional, instalado en la portuaria ciudad de Veracruz, fue atacado en 1859 por las fuerzas conservadoras. De manera combinada, una escuadra naval procedente de La Habana y comandada por el general Tomás Marín bombardearía el puerto, mientras que la ciudad sería atacada por tierra por el reaccionario general Miramón. A bordo del vapor *Indianota*, y con ayuda de su amigo norteamericano comandante Turner y la fragata *Saratoga*, Goicuría, atacó la flota reaccionaria y capturó sus buques. El propio Goicuría acompañó al general en jefe mexicano en el abordaje a los buques enemigos en Antón Lizardo, poniendo en peligro su vida. En tierra, dirigía las acciones del ejército juarista el general habanero Pedro Ampudia.

Ya antes, en 1854, de común acuerdo con Juárez, Goicuría había facilitado desde Nueva Orleáns recursos de guerra al general Juan Álvarez para consolidar la Revolución de Ayutla en el estado de Guerrero, en el Pacífico mexicano.

Al morir Goicuría el 7 de mayo de 1869 agarrotado en la explanada del castillo de El Príncipe, en la ciudad de La Habana, el poeta mexicano Ignacio Manuel Altamirano, recogiendo el sentir y el agradecimiento de los mexicanos hacia el ilustre habanero, escribió:

Una noticia dolorosa ha venido, en los últimos días de la semana pasada, a afligir profundamente al gran partido liberal de México. Esta noticia que ha trasmitido primero el telégrafo de Veracruz y que luego ha sido confirmada por los periódicos de La Habana y de los Estados Unidos, ha sido la ejecución que ha sufrido en la capital de la isla de Cuba, el grande y generoso patriota cubano don Domingo Goicuría.

Todos los buenos mexicanos han sentido hervir en su pecho la más noble indignación al conocer los repugnantes detalles que dieron a la muerte del valiente general.[13]

---

[10] *Ibid.*, tomo 13, p. 800.
[11] *Ibid.*
[12] *Ibid.*
[13] *Ibid.*, tomo 14, p. 447.

Tras relatar detallada y extensamente lo que significó Goicuría para la historia de México, concluía Altamirano:

nos atrevemos a pedir al gobierno que, en consideración a que el gral. Goicuría prestó a la República Mexicana distinguidos servicios, se digne acordar que la familia del mártir cubano, que según sabemos, ha quedado en la miseria, reciba hospitalidad en México y se le señale una pensión suficiente para que viva con algún descanso.[14]

Juárez cumplió fielmente la solicitud de ayuda de Goicuría. En abril de 1869 el Congreso mexicano aprobó y Juárez sentenció, el reconocimiento de la beligerancia de las armas cubanas y que los puertos de México quedaran abiertos a todo buque portador de la bandera de la estrella solitaria. El presidente de la República de Cuba en Armas, Carlos Manuel de Céspedes, agradeció aquel gesto, resaltando en carta al presidente mexicano que le era "altamente satisfactorio que México haya sido la primera nación de América, que hubiese manifestado así sus generosas simpatías a la causa de la independencia y la libertad de Cuba".[15]

Pedro Santacilia y la presencia militar mexicana en la independencia de Cuba

COMENZADA la Guerra en Cuba el 10 de octubre de 1868, el patriota y poeta santiaguero Pedro Santacilia, casado desde 1863 con Manuela Juárez Maza, la hija mayor del ilustre oaxaqueño, se convirtió en el principal punto de contacto con la Isla. Oficialmente recibió la misión de representar al gobierno cubano ante el mexicano.

Una de las principales tareas asumidas por Santacilia, con el consentimiento y total aprobación del presidente Benito Juárez, fue la de enviar a Cuba a un selecto grupo de militares mexicanos para contribuir a la formación y entrenamiento del naciente Ejército Libertador. Aquellos combatientes mexicanos arribaron a la Isla en diferentes expediciones, apenas comenzada la contienda. El coronel poblano José Inclán Risco y el capitán Gabriel González Galbán, tuvieron la osadía de llegar a la Isla como simples viajeros y desembarcar en el puerto de La Habana, para pasar después a la *manigua*.

En Cuba se confundirían los mambises mexicanos con los cubanos que habían combatido en México. Para el pueblo, todos eran mexicanos:

---

[14] *Ibid.*, p. 453.
[15] Fernando Portuondo y Hortensia Pichardo, *Carlos Manuel de Céspedes: escritos*, La Habana, Editorial de Ciencias Sociales, 1974, tomo II, p. 41.

no los diferenciaban fácilmente. Quizás por ello la historia en algunos casos asumiría como válidas la inexacta identidad mexicana o cubana.

La llegada a Cuba de aquellos hombres respondía a un plan estratégico integral. De ello da fe la carta que el coronel mexicano Ramón Cantú, expedicionario del *Perrit*, escribiera a Santacilia con fecha 28 de mayo de 1869, en la que rendía cuentas de la situación del núcleo principal de mambises mexicanos, arribados a la Isla por disímiles vías: "debo manifestarle que Medina, Bobadilla, Estévez, González, Pérez y Nambo, todos estamos buenos: Pepe Inclán se encuentra por Villa Clara, está bueno según me han informado".[16]

Como lo hicieran los cubanos en México, los hijos de la patria de Juárez brillaron en los campos del honor y sus proezas fueron fuente de inspiración en el combate y en las narraciones de la épica mambisa. Céspedes así lo reconoció a Juárez: "Algunos caballeros mexicanos han venido aquí y han derramado su generosa sangre en nuestro suelo y por nuestra causa, y todo el país ha mostrado su gratitud por su heroica acción".[17]

De aquellos militares mexicanos, veteranos de la Guerra de la Reforma y la contienda contra el imperio francés, dos llegaron a ostentar el grado de general de brigada del Ejército Libertador Cubano, encontrándose en el cuadro de los principales jefes cubanos: José Inclán Risco y Gabriel González Galbán. Otros como Cantú, Felipe Herreros y Nemesio Nambo, alimentaron la leyenda del altruismo mexicano.

Como digno homenaje al doscientos aniversario del natalicio del Benemérito de las Américas, a aquel indio gigante que sacudió al continente llevando al poder la voz de las mayorías oprimidas, anexamos el listado de combatientes mexicanos en las guerras de independencia de Cuba. En este caso, no sólo recogemos a los que se vincularon directamente a Juárez, sino también a los que, inspirados en su ejemplo y amor por Cuba, hicieron suya la prédica del cubano que más profundamente interpretó a Juárez y sintió las raíces profundas del verdadero México del siglo XIX: José Martí, acompañándolo en la última guerra por la independencia de Cuba.

---

[16] Archivo Nacional de Cuba, *Fondo Donativos y Remisiones*, Caja 152, núm. 22-1.
[17] Portuondo y Pichardo, *Carlos Manuel de Céspedes* [n. 17], p. 78.

Combatientes mexicanos (mambises)
en la Guerra de los Diez Años (1868-1878)

Generales de brigada

— Gabriel González Galbán. Nació en la Ciudad de México en 1846. Combatió al imperio de Maximiliano. A principios de 1869 arribó a La Habana y se dirigió a Jagüey Grande, provincia de Matanzas, tomando parte en el levantamiento armado del 10 de febrero de 1869, donde fue hecho prisionero. Amnistiado por el capitán general Domingo Dulce y Garay, viajó a Nueva York y regresó a la Isla el 11 de mayo de 1869 como expedicionario del *Perrit*. Ascendido a coronel en 1873. Brigadier en octubre de 1877. Combatió en Palo Seco, La Sacra y Loma del Gíbaro, entre otros. Héroe de la carga del carril de las Guásimas, la más grande batalla de la independencia de Cuba. Murió en la Ciudad de México el 16 de abril de 1928.

— José Inclán Risco. Nació en Puebla de los Ángeles en 1830. Peleó en México contra el imperio de Maximiliano y alcanzó el grado de coronel. A principios de 1869 viajó a La Habana y se dirigió a Jagüey Grande, Matanzas, donde tomó parte en el fracasado levantamiento del 10 de febrero de 1869. Importante jefe de la revolución en las regiones de Matanzas, Las Villas y Holguín. A comienzos de 1870 fue ascendido a brigadier. Prisionero de los españoles, fue fusilado en Puerto Príncipe el 15 de junio de 1872.

Coroneles

— Ramón Cantú. Capitán del ejército de México. Expedicionario de *El Salvador*, desembarcó en Nuevas Grandes el 13 de mayo de 1869, a las órdenes del brigadier cubano Rafael de Quesada (coronel del ejército de México). Combatió inicialmente en la caballería camagüeyana junto al mayor general Ignacio Agramonte y al brigadier Bernabé Varona "Bembeta". Para enero de 1870 fungía como teniente coronel, jefe de la columna de operaciones de Sancti Spíritus. El 15 de enero de ese año quemó con sus fuerzas el ingenio Bacuino, del traidor Agustín Esponda. En julio de 1870 acompañó a los generales Federico Fernández Cavada y Bernabé Varona en el ataque al campamento español de Lázaro López, cerca de la ciudad de Morón, de paso a la provincia de Las Villas, territorio que invadieron en ese mes. Reseñando aquella acción, el diario *El*

Demócrata publicado en Nueva York, en su número de fecha 15 de julio de 1870, resaltaba que en aquella acción, se distinguió "por su valor y sangre fría el comandante Cantú".

— José Lino Fernández Coca. Para abril de 1861 era coronel de la Guardia Nacional de México. En marzo de 1863 se le admitió como coronel en el Batallón Unión y en diciembre de 1863 peleaba contra los franceses como coronel del Escuadrón Lanceros de Puebla. Expedicionario del *Perrit*, arribó a Cuba el 11 de mayo de 1869 al frente del pelotón de mexicanos. Nombrado jefe del segundo batallón de línea de la primera división de Camagüey, a las órdenes del mayor general Ignacio Agramonte. El 25 de mayo de 1870 salió del país rumbo a Estados Unidos. El *Diario Cubano* de Nueva York, con fecha 4 de junio de 1870, citaba su arribo a Estados Unidos y lo mencionaba como brigadier.

— Felipe Herrero. Capitán del ejército mexicano, se destacó combatiendo al imperio de Maximiliano. En diciembre de 1869, junto al francés Gustavo Ravelle, se encontraba en Nueva York tratando de encontrar una expedición para marchar a los campos de Cuba. Arribó a la Isla el 23 de mayo de 1870, en la primera expedición del vapor *George B. Upton* que desembarcó en Punta Brava, entre Manatí y Nuevas Grandes. A decir del historiador cubano Ramiro Guerra, era un "joven oficial mexicano, culto y valeroso como pocos". Su carrera de militar cubano la comenzó en la jurisdicción de Holguín como ayudante del general mexicano José Inclán. Fue también ayudante del general venezolano José María Aurrecoechea. Para mediados de 1871 el coronel del Ejército Libertador cubano Fernando Figueredo Socarrás lo describía como "joven, de unos veinte y cuatro años, valiente y de una figura simpática y distinguida". Por entonces, el gobierno de la República de Cuba en Armas le encomendó personalmente la captura del comandante cubano José Caridad Vargas, quien, de acuerdo con las autoridades españolas, planificaba asesinar al vicepresidente cubano general Francisco Vicente Aguilera. Esta misión fue cumplida de forma brillante, capturando al traidor y a su ayudante que fueron pasados por las armas. En abril de 1873 fungía como jefe del 2º Batallón de Holguín. Poco después, ese mismo año, fue nombrado jefe del Estado Mayor del mayor general Calixto García Íñiguez. Herido en el ataque a Bueicito, jurisdicción de Bayamo el 25 de noviembre de 1873, una bala le destrozó la rótula de la pierna izquierda. El 10 de diciembre de ese año fue ascendido al grado de coronel. Como jefe del Estado Mayor del general Calixto García, leyó a las tropas acantonadas en Bijagual el acuerdo de la Cámara de Representantes deponiendo a Carlos Manuel de Céspedes como presidente de la República de Cuba en Armas. Poco después, murió combatiendo en los campos de Cuba.

— José Medina. Expedicionario de *El Salvador*, desembarcó en Nuevas Grandes el 13 de mayo de 1869, a las órdenes del brigadier Rafael de Quesada. Prisionero de la guerrilla de José Pascual Montaner, fue fusilado en Sierra de Najasa, Camagüey, el 3 de abril de 1870.

Comandantes

— Nicolás Espinosa. Implicado en el alzamiento de Las Clavellinas el 4 de noviembre de 1868, dirigido por el después mayor general del Ejército Libertador cubano Ignacio Agramonte y Loynáz. Combatió en la región de Camagüey.

— Rafael Estévez. Comandante de batallón de la Guardia Nacional. En 1863, como subteniente, tomó parte en el sitio de Puebla, perteneciendo entonces al Batallón 32 de Línea. Combatió en México bajo las órdenes de los generales Negrete y Julio M. Cervantes. Expedicionario del *Grapeshot*, desembarcó en Baitiquirí, Guantánamo, el 30 de mayo de 1869. En la expedición viajaba acreditado como comandante de batallón. Prisionero de los españoles el 8 de mayo junto con nueve compañeros de expedición, fue fusilado el 21 de junio de 1869.

— Juan Ramírez y Olivera. Mecánico. Hijo de José y Dolores. Ingresó en el Ejército Libertador el 12 de junio de 1895, al frente de una fuerza por él organizada. Pertenecía al 4º Cuerpo/ 2ª División/ 2ª Brigada/ Regimiento de Caballería Cienfuegos. Murió en el combate de El Guaibaro, La Isabela, Cienfuegos, el 22 de enero de 1896. Casado con la cubana Caridad Moreno y Placeres. Al morir tenía cuarenta y dos años de edad. Era capitán de la Guerra de los Diez Años.

Capitanes

— Nemesio Nambo. Expedicionario del *Perrit*, desembarcó en la península de El Ramón, Nipes el 11 de mayo de 1869.

— Felipe Pérez. Expedicionario del *Perrit*, desembarcó en la península de El Ramón, Nipe, el 11 de mayo de 1869. Tenía una prótesis en la pierna.

Tenientes

— José Pérez Arcia. Campesino, hijo de Juan y Dolores. Nombrado teniente de la Guerra de los Diez Años el 12 de noviembre de 1897. Ingresó en el Ejército Libertador el 12 de febrero de 1896. Pertenecía al 2º Cuerpo/ 1ª División/ 2ª Brigada/ Regimiento de Infantería Vicana, núm. 25/ 1er Batallón/ 1ª Compañía. En el momento de su licenciamiento, en 1898, tenía cuarenta y tres años de edad y era casado.

Otros

— Carranza. Combatiente mencionado por varias fuentes como mexicano de ese apellido, que peleó en la guerra de los Diez Años en la provincia de Las Villas.

— Miguel Embil e Izaguirre. Hacendado veracruzano. Residía en La Habana cuando fue detenido el 11 de febrero de 1869, a los cincuenta años de edad, acusado de publicar varios folletos de contenido revolucionario. Fue deportado a la isla presidio de Fernando Poo, en África, el 21 de marzo de 1869, por orden del capitán general Domingo Dulce.

— Felipe Fernández. Prisionero en marzo de 1871 del batallón Ligeros de Color de la Comandancia General del Centro, fue fusilado ese mes.

— Felipe González. Combatió en la Guerra de los Diez Años. Murió fusilado por los españoles.

— Guerra. Combatiente citado por el coronel español Francisco Camps y Feliu como oficial mexicano que durante la guerra de los Diez Años combatió en la región oriental.

— Francisco Havá y Bejarano. Veracruz, 1802. Hijo de Pedro y María Vicenta. Se graduó de bachiller en Medicina en la Universidad de Santo Tomás de Aquino, en México, el 27 de agosto de 1820. Licenciado en cirugía en la Real Junta Superior de Medicina y Cirugía de La Habana, el 3 de diciembre de 1836. A pesar de la estrecha vigilancia a que fue sometido por las autoridades españolas en La Habana, conspiró activamente a favor de la revolución en la Guerra de los Diez Años como combatiente clandestino. Murió en Güines el 9 de agosto de 1884.

— Luis Palacios. Coronel del ejército mexicano residente en Guanabacoa, La Habana. Detenido el 23 de febrero de 1869 por sus ideas políticas, fue deportado a la isla presidio de Fernando Poo, en África, el 21 de marzo de 1869 a los 37 años de edad, por orden del capitán general Domingo Dulce.

— José N. Ramírez. Combatió a las órdenes del mayor general Vicente García. Herido durante el ataque español al campamento insurrecto de San Joaquín, el 8 de noviembre de 1871.

— Carlos Zimmerman. Capitán mexicano emigrado, residente en Guanabacoa, La Habana. Detenido el 23 de febrero de 1869 y deportado a la isla presidio de Fernando Poo, en África, el 21 de marzo de 1869 a los veinticinco años de edad, por orden del capitán general Domingo Dulce.

Guerra Chiquita: 1879-1880

— Félix Morejón. Acompañó al mayor general Calixto García Íñiguez en su expedición a Cuba durante la Guerra Chiquita. Hecho prisionero, fue fusilado en Bayamo el 7 de julio de 1880, junto al brigadier cubano Pío Rosado y al combatiente italiano Natalio Argenta.

— Francisco Moncayo. Combatiente de esta guerra, la sobrevivió.

Guerra Necesaria: 1895-1898

Capitanes

— Alberto Cossio Marín. Jalapa, Estado de Veracruz. Agricultor. Hijo de Agustín y Margarita. Ingresó en el Ejército Libertador el 7 de junio de 1895, como escolta. Pertenecía al 3er Cuerpo/ 2ª División/ 1ª Brigada/ Regimiento de Caballería Agramonte/ 4° Escuadrón. Ascendido a cabo el 7 de julio de 1895, a sargento segundo el 17 de noviembre de 1895, a alférez el 4 de junio de 1896, a teniente el 8 de noviembre de 1896 y a capitán el 17 de mayo de 1898. Fue herido en combate en La Reforma, el 4 de septiembre de 1896. En el momento de su licenciamiento, en 1898, tenía veintinueve años de edad, era soltero y sabía leer y escribir.

— Domingo Guzmán. Formaba parte de la colonia cubana de Micoya en Costa Rica. Expedicionario de la goleta *Honor* junto al general Antonio Maceo, desembarcó en Duaba, provincia de Oriente, el 1° de abril de 1895. Muerto en campaña.

— Luis Molina Adán. Hacendado. Hijo de Mariano y Malvina. Ingresó en el Ejército Libertador el 6 de junio de 1895. Pertenecía al 3er Cuerpo/ 2ª División/ Regimiento de Caballería Agramonte núm. 8/ 4° Escuadrón. Ascendido a cabo el 24 de junio de 1895, a sargento primero el 17 de agosto de 1895, a alférez el 2 de diciembre de 1895, a teniente el 16 de octubre de 1896, y a capitán el 24 de abril de 1898. En el momento de su licenciamiento en 1898, tenía veintiocho años, era soltero y sabía leer y escribir.

— Maclovio San Cristóbal Palacio. Oaxaca. Químico y maestro de azúcar. Hijo de Juan y Brígida. Ingresó en el Ejército Libertador el 24 de febrero de 1895 como uno de los responsables del levantamiento en Colón, Matanzas. Hecho prisionero el 6 de marzo de ese año, el 7 de abril fue repatriado por gestiones del cónsul de Estados Unidos en La Habana, desembarcando posteriormente como expedicionario del *Horsa*, el 16 de noviembre de 1895. Concluyó la guerra en el 2º Cuerpo/ 2ª División/ 1ª Brigada/ Regimiento de Infantería Santa Rita/ Columna volante/ 1er Batallón/ 1ª Compañía. Peleó a las órdenes directas del general Jesús Sablón Moreno *Rabí*. En el momento de su licenciamiento en 1898, tenía cuarenta años de edad, era casado y sabía leer y escribir. Murió en Santiago de Cuba el 27 de noviembre de 1915.

Tenientes

— Manuel Chávez Álvarez. Orizaba, Veracruz. Conocido como *México*. Tabaquero. Hijo de Leandro y Eusebia. Ingresó en el Ejército Libertador el 24 de febrero de 1895. Pertenecía al cuartel general del Ejército Libertador, en la escolta del general en jefe Máximo Gómez, en el arma de caballería. Ascendido a sargento el 3 de junio de 1895, a alférez el 10 de febrero de 1896 y a teniente el 23 de junio de 1897. En el momento de su licenciamiento en 1898, tenía treinta y cinco años de edad, era soltero y analfabeta.

— Santiago. Combatiente de ese nombre que en septiembre de 1895 combatía en la provincia de Camagüey.

Subtenientes

— Esteban L. Mola Lavastida. Hijo de Esteban y Fausta. Ingresó en el Ejército Libertador el 25 de junio de 1895 como soldado. Combatió en el arma de caballería. Subteniente el 3 de julio de 1895. Muerto durante la guerra.

— Ramín Ruiz. Practicante. Perteneció al 6º Cuerpo del Ejército Libertador, en el Instituto Especial de Sanidad Militar. Muerto en campaña por enfermedad, ignorándose la fecha de su deceso.

Sargentos

— Miguel Ángel Boza y Masvidal. Comercio. Hijo de Agustín y Concepción. Ingresó en el Ejército Libertador el 31 de diciembre de 1897 como soldado. Ascendido a cabo el 6 de abril de 1898 y a sargento de primera el 14 de agosto de 1898. En el momento de su licenciamiento en 1898 tenía veinticuatro años de edad, era casado y sabía leer y escribir.
— Domiciano Cano Hernández. Agricultor. Hijo de Domiciano y Ángela. Ingresó en el Ejército Libertador el 24 de junio de 1895 como soldado. Pertenecía al 4° Cuerpo/ 1ª División/ 2ª Brigada/ Regimiento de Infantería Remedios. Ascendido a cabo el 3 de febrero de 1896 y a sargento segundo el 13 de mayo de 1896. Combatió también en el arma de caballería. Sabía leer y escribir.
— Laureano Pedroso Rodríguez. Veracruz. Cocinero. Hijo de José y Francisca. Ingresó en el Ejército Libertador como soldado el 4 de abril de 1895, en el regimiento de caballería de Matanzas/ 4° Escuadrón. Concluyó la guerra en el 4° Cuerpo/ 1ª División/ 3ª Brigada/ Regimiento de Infantería Trinidad/ 1er Batallón/ 3ª Compañía. Ascendido a cabo el 1° de junio de 1895, a sargento segundo el 20 de enero de 1896 y a sargento primero el 7 de junio de 1896. En el momento de su licenciamiento en 1898 tenía treinta y un años de edad, era soltero y analfabeta.
— José Rizo Cantero. Veracruz. Panadero. Hijo de Manuel y María. Ingresó en el Ejército Libertador el 10 de enero de 1895. Pertenecía al 2° Cuerpo/ 2ª División/ 2ª Brigada/ Regimiento de Infantería Bayamo/ 1er Batallón/ 2ª Compañía. Ascendido a cabo el 21 de noviembre de 1896 y a sargento segundo el 24 de febrero de 1898. En el momento de su licenciamiento en 1898, tenía cuarenta y tres años de edad y sabía leer y escribir. Después de la guerra, reclamó a la Comisión Liquidadora del Ejército Libertador el grado de teniente, pero dicha reclamación no prosperó.

Soldados

— Pedro Cano Hernández. Silao de la Victoria, Guanajuato. Agricultor. Hijo de Domiciano y Martina. Ingresó en el Ejército Libertador el 22 de noviembre de 1895. Pertenecía al 4° Cuerpo/ 1ª División/ 2ª Brigada/ Regimiento de Infantería Remedios. En el momento de su licenciamiento en 1898, tenía veinticinco años de edad era, soltero y sabía leer y escribir.
— Francisco Capetillo. Propietario. Ingresó en el Ejército Libertador el 1° de mayo de 1898. Salió del país y desembarcó en Cuba el 3 de julio de

1898 como miembro del Regimiento de Infantería Expedicionario Maine. Falleció en Las Veguitas, Calvario, rancho de Miguel Jiménez, en septiembre de 1898.
— Manuel Castillo Silva. Cocinero. Hijo de Juan y María. Ingresó en el Ejército Libertador el 1° de mayo de 1898. Pertenecía al 3er Cuerpo/ 2ª División/ 1ª Brigada/ Batallón Tiradores Oscar Primelles.
— José Coz Coz. Agricultor. Hijo de José y María. Ingresó en el Ejército Libertador el 29 de octubre de 1895. Pertenecía al 4° Cuerpo/ 2ª División/ 2ª Brigada/ Regimiento de Infantería Yaguaramas/ 1er Batallón/ 1ª Compañía. En el momento de su licenciamiento en 1898, tenía treinta y seis años de edad, era soltero y analfabeta. Había combatido también en el arma de caballería.
— Vicente Eva Fernández. Guadalajara. Labrador. Hijo de Tomás y María. Ingresó en el Ejército Libertador el 1° de abril de 1896. Concluyó la guerra en el cuartel general del Ejército Libertador como escolta del general en jefe Máximo Gómez. En el momento de su licenciamiento del Ejército Libertador en 1898, tenía veintisiete años de edad y era soltero.
— Raimundo Martínez Jarque. Guadalajara. Campesino. Hijo de Timoteo y Daniela. Ingresó en el Ejército Libertador el 10 de junio de 1898. Concluyó la guerra en el 3er Cuerpo/ 1ª División/ Regimiento de Caballería Camagüey núm. 6. En el momento de su licenciamiento del Ejército Libertador en 1898, tenía veintiséis años de edad y era casado.
— Adriano Molina Serrati. Labrador. Hijo de Matías y Josefa. Ingresó al Ejército Libertador el 15 de junio de 1896. Del arma de caballería. Pertenecía al cuartel general del Ejército Libertador en la escolta del general en jefe Máximo Gómez. En el momento de su licenciamiento en 1898, tenía cuarenta años de edad, era soltero y analfabeta. Herido durante la guerra.

Sin determinar jerarquías

— Adriano Agüero. Veracruz. Tabaquero. Su nombre aparece en uno de los listados de expedicionarios de la guerra del 95.
— Francisco Argüelles. Capitán del Ejército Mexicano. Prestó valiosos servicios a la revolución en la guerra del 95 en la Isla desde la clandestinidad, aunque no llegó a incorporarse definitivamente a las filas mambisas.
— Federico Díaz. Tabaquero. Residía en Key West. Su nombre aparece en uno de los listados del Departamento de Expediciones como listo para embarcar hacia Cuba en una de las del 95.

— José Manuel Gutiérrez Zamora. Combatió en la guerra del 95.
— Francisco Rivera (*Pancho, el tuerto*). Tío del muralista mexicano Diego Rivera. Capitán del ejército mexicano partió a pelear en Cuba y no regresó, según confesó su sobrino en entrevista.

Bibliografía

Almanaque Cubano para 1871, Nueva York, Imprenta de Hallet y Breen.

Diario Cubano (Nueva York), 4-vi-1870.

Colección Manuscritos, Fondo Arredondo, Biblioteca Nacional José Martí.

Archivo Nacional de Cuba: Relación Nominal del mayor general Carlos Roloff.

— Planillas de Licenciamiento del Ejército Libertador. Comisión Liquidadora.

— Fondo Academia de la Historia.

— Fondo Donativos y Remisiones.

— Fondo Delegación del Partido Revolucionario Cubano.

Dirección General de Archivo e Historia, Secretaría de la Defensa Nacional de México, Archivo de Cancelados.

Estrada, Genaro, ed., *Benito Juárez: documentos, discursos y correspondencia*, México, Libros de México, 1974.

Figueredo Socarrás, Fernando, *La Revolución de Yara*, La Habana, Instituto Cubano del Libro, 1968.

Mestre Ghigliazza, Manuel, *Documentos y datos para la historia de Tabasco*, Villahermosa, Universidad Juárez Autónoma de Tabasco, 1984.

Morales y Morales, Vidal, *Hombres del 68: Rafael Morales y González*, La Habana, Editorial de Ciencias Sociales/Instituto Cubano del Libro, 1972.

Portuondo, Fernando, y Hortensia Pichardo, *Carlos Manuel de Céspedes: escritos*, La Habana, Editorial de Ciencias Sociales, 1974, tomo ii.

Juárez y Cuba:
una interpretación histórica

Por *Margarita* ESPINOSA BLAS
y *Oscar* WINGARTZ PLATA

*México ha estado presente contribuyendo
decisivamente a este objetivo de paz y desarrollo
independiente de Nuestra América. México
contribuye así con heroicidad y decisión ejemplar
no sólo a su propia independencia sino también
a la de toda nuestra América e incluso, al equili-
brio mundial.*

Armando Hart Dávalos[1]

Introducción

E N 1867 con la ejecución del emperador Maximiliano de Habsburgo y
de los militares conservadores Miguel Miramón y Tomás Mejía en
el Cerro de las Campanas, en la ciudad de Querétaro, Benito Juárez y los
liberales lograban recuperar la soberanía nacional así como desterrar del
poder a los conservadores. A partir de ese año el liberalismo juarista se
instauraba como el hilo conductor del proyecto de nación. Además, la
victoria generó una recepción favorable, sobre todo en los países latinoamericanos, en su mayoría amenazados de diversas formas por la agresiva política europea. La derrota de las fuerzas imperiales fue vista como
la expresión más tajante de la posición antieuropea del gobierno liberal
mexicano y creó en Latinoamérica un aire de optimismo y esperanza
frente a las ambiciones extranjeras. Por ello, cuando en 1868 en la colonia española de Cuba comenzó la cruenta guerra por la independencia,
los cubanos insurrectos pusieron sus ojos en México, en espera de que el
gobierno de Benito Juárez apoyara la causa libertaria. La guerra de la
vecina Isla despertó el interés de los mexicanos que, en alianza con
la migración cubana, organizaron diversas actividades de apoyo a la lucha armada. Por su parte, el gobierno juarista tomó una posición favora-

---

[1] *México y Cuba: dos pueblos unidos en la historia*, México, Centro de Investigación
Científica Jorge L. Tamayo, 1982, tomo I, p. ix.

ble a los intereses de los cubanos. Sin embargo, las medidas fueron po-
bres en alcance porque el peso de las circunstancias favoreció al gobierno español, que logró la neutralidad de la administración juarista a cambio de restablecer las relaciones rotas tras la intervención tripartita. El
reinicio del vínculo, como lo dijera Benito Juárez en la declaración de
1867, sólo sería posible si existían las mejores condiciones para México.[2]
Sin embargo, la posición asumida por el gobierno mexicano causó una
buena impresión entre los contemporáneos, y en nuestros días ha tras-
cendido como una de las más heroicas manifestaciones en pro de la
solidaridad cubana. ¿Qué elementos han estado presentes en esta interpretación?, ¿cómo se han fomentado estas lecturas?, ¿cuál fue el papel
que jugó la figura política de Benito Juárez?, son las preguntas centrales
del presente trabajo. De esta manera, se analizan tanto las circunstancias en las que México asume la defensa cubana al inicio de la guerra de
independencia de la Isla, como el contexto que determinó un cambio de
rumbo que favoreció la permanencia del poder metropolitano en Cuba al
acercar los intereses mexicanos y españoles.

El pragmatismo de Juárez

Dos fueron las resoluciones tomadas en abril de 1868 por el gobierno
mexicano en torno a la guerra de Cuba iniciada ese mismo año con el
Grito de Yara. La primera, de carácter confidencial, fue el permiso para
que buques con bandera cubana pudieran fondear en costas mexicanas
con el fin de avituallarse o de hacerles reparaciones; la segunda, el Congreso autorizaba al ejecutivo a reconocer, cuando lo considerara oportuno, el derecho de beligerancia de los cubanos.[3] De la segunda existe el
acta del Congreso en la cual Joaquín Baranda y Juan Sánchez Azcona,
diputados por Campeche y Tabasco respectivamente, proponían el reconocimiento de la beligerancia de la Isla. La votación favoreció por considerable mayoría la petición que fue aprobada por noventa y siete votos a

---

[2] Véase Antonia Pi-Suñer, comp. e introd., *México y España durante la República Restaurada*, México, SRE, 1985 (*Archivo histórico diplomático mexicano*, núm. 24).

[3] Las dos resoluciones fueron difundidas en Cuba. Pedro Santacilia, agente de Cuba en nuestro país, informaba que a fines de marzo el gobierno mexicano dictó orden para que se admitiesen en puertos mexicanos buques con bandera cubana; y en otra carta decía que el 5 de abril había sido dada la resolución del Congreso. Archivo Nacional de Cuba (en adelante ANC), reconocimiento de la beligerancia y de la independencia de Cuba por varias repúblicas de América: México, Perú, Bolivia, Chile, Colombia y El Salvador, Donativos y remisiones, Caja 155, Orden 37-11.

favor y once en contra.[4] La respuesta, sin embargo, no fue correspondida como se esperaba por el poder ejecutivo que no reconoció la beligerancia a pesar de que, como bien lo expresaran en su momento los diputados que votaron en contra, el presidente Benito Juárez no necesitaba el permiso del Congreso para ejercer ese derecho puesto que en él residía la capacidad para tomar esas decisiones en materia de política exterior.[5]

Por otro lado, las disposiciones favorecían los intereses de los cubanos insurrectos, pero no eran hechos aislados de la atmósfera continental, porque la mayoría de los países sudamericanos reconocieron la beligerancia cubana en 1869 y Perú fue más allá al extender en ese año el reconocimiento de nación libre y soberana a la República Cubana en Armas.[6] En el caso de México, a pesar de la ola de apoyo latinoamericano, el presidente Benito Juárez nunca hizo efectivo el derecho del Congreso y sólo estuvo activo el permiso de entrar a costas mexicanas. No obstante, tanto la opinión de la época como la historiografía posterior, realzaron de más las resoluciones mexicanas al afirmar que México había reconocido la beligerancia de la República en Armas y lo establecieron como un suceso heroico no sólo de la vida exterior de México, sino como un episodio natural en la obra de Benito Juárez. Es posible analizar el hecho desde dos frentes: por un lado, por qué el presidente Juárez no reconoció la beligerancia y, segundo, por qué ha pervivido una lectura tergiversada sobre la real trascendencia de las resoluciones tomadas en 1868.

En primer lugar, no se niega la influencia de la aguerrida migración cubana que paulatinamente fue ganando espacios en la vida política de México. En ella destaca la presencia de los cubanos Pedro Santacilia —quien fuera yerno y secretario particular del presidente Juárez—, así como la de otros entre los que se cuentan Alfredo Torroella, José Mariano Betancourt, José Miguel Macías, Juan Clemente Zenea, Nicolás Domínguez Cowan y Andrés Clemente Vázquez. Este último más tarde

---

[4] Jorge L. Tamayo, "El Grito de Yara resonó en México", en Hart Dávalos, *México y Cuba* [n. 1], pp. 171-172.

[5] Eligio Ancona y Manuel Peniche enviaron una aclaración al periódico *El Siglo xix* donde explicaban su proceder: "negamos, pues, nuestro voto a la referida proposición porque según el pacto fundamental de la República, al ejecutivo toca dirigir las relaciones exteriores y al Congreso corresponde ratificar los tratados que celebre aquél. En consecuencia juzgamos inútil la proposición, porque por ella el Congreso da al ejecutivo una autorización que no necesita, puesto que expresamente se la da la Constitución", *ibid.*, p. 102, Sección documentos, p. 169.

[6] Manuel Márquez Sterling, *La diplomacia en nuestra historia*, La Habana, Instituto del Libro, 1967, pp. vii-80.

fungiría como cónsul general de México en Cuba. Además, la presencia cubana se dejaba sentir en diferentes escenarios mexicanos. Así, en el ámbito cultural destacaban los aportes de escritores, músicos, poetas etc. La presencia cubana era más fuerte en estados como Veracruz y Yucatán que fueron las regiones de mayor arribo de inmigrantes insulares. En suma se calcula entre dos mil y tres mil el número de cubanos en México hacia 1870.[7] Gracias a sus continuas actividades en la vida pública la comunidad cubana logró un lugar importante en la discusión del México de Juárez. De manera continua se debatió en la prensa la causa libertaria cubana y, sobre todo, los osados liberales favorecieron los intereses independentistas de los cubanos. Todo esto se refleja en la simpatía y apoyo surgidos tras el Grito de Yara que llegó al grado de que varios mexicanos fueran a la manigua a pelear por la libertad como fueron los sonados casos de José Inclán Riasco y Gabriel González.[8] Pero al lado de la cubana existía también una considerable e importante población española que había logrado un nombre en la vida política y económica del país y que, según datos, fue creciendo a finales del siglo xix calculándose en trece mil los peninsulares avecindados en la nación mexicana para los años noventa.[9] Entre estos hispanos destacaban los nombres de Telésforo García, Francisco Cosmes y Delfín Sánchez, empresario ferrocarrilero y yerno también de Benito Juárez.[10]

La influencia de las migraciones cubana y española desató una ola de discusión al estallar la guerra de 1868 en la isla de Cuba donde cada bando defendió su causa a capa y espada. Este escenario se aunó a las difíciles circunstancias en que México asume una postura frente al problema regional del Caribe, circunstancias enmarcadas por la sutil presión norteamericana y los sucesos peninsulares tras la guerra de septiembre de 1868. Dicha guerra es comandada por el general Juan Prim, quien derroca a la monarquía de los Borbones con Isabel II a la cabeza e instaura el Sexenio Revolucionario con la Regencia y la monarquía democrática de Amadeo de Saboya para desembocar en la Primera Repú-

---

[7] Ramón de Armas, "Las guerras cubanas: luchas y solidaridad", en Hart Dávalos, *México y Cuba* [n. 1], p. 254.

[8] José Abreu Cardet, "Los mexicanos en la guerra cubana de 1868", en Laura Muñoz, coord., *México y el Caribe: vínculos, intereses, región*, México, Instituto de Investigaciones José María Luis Mora, 2002, tomo, 2, pp. 36-61.

[9] Clara E. Lida, *Inmigración y exilio: reflexiones sobre el caso español*, México, Siglo xxi/El Colegio de México, 1997, pp. 51-54.

[10] Leonor Ludlow, "Empresarios y banqueros: entre el Porfiriato y la Revolución", en Clara E. Lida, comp., *Una inmigración privilegiada: comerciantes, empresarios y profesionales españoles en México en los siglos xix y xx*, Madrid, Alianza, 1994, pp. 142-169.

blica Española de 1873, la cual enfrenta una grave crisis política que finaliza con el reinado de Alfonso XII —hijo de la depuesta reina Isabel II— y la restauración de la monarquía borbónica, en 1874. Estos factores delimitaron la actuación mexicana, por lo que resulta imprescindible tenerlos presentes al momento de evaluar la postura del gobierno de Benito Juárez frente a la guerra separatista cubana.

Los cubanos insurrectos vieron con gran optimismo las resoluciones del Congreso mexicano pues las consideraron como el preludio de un respaldo mayor. En aras de ello, Carlos Manuel de Céspedes, presidente de la República en Armas, escribió a Benito Juárez para agradecerle la medida y luego de encomiarlo, le sugiere con sutileza ejercer el derecho concedido por la instancia gubernamental:

> Me es altamente satisfactorio que México haya sido la primera nación de América que hubiese manifestado así sus generosas simpatías a la causa de la independencia y libertad de Cuba. Acorde está con este sentimiento el pueblo cubano y la Cámara de Representantes. No podía esperarse menos del magistrado que ha sacrificado todo al rescate y triunfo de la libertad arrancándola con abnegación y heroísmo de la opresión de los tiranos.[11]

Sin embargo, el derecho dado al ejecutivo por el Congreso mexicano movió el interés del gobierno español que tras el derrocamiento de la monarquía borbónica de Isabel II había optado por el régimen de la Regencia en tanto se encontrara un nuevo rey. En tal situación el general Serrano fue nombrado regente, mientras que Prim ocupaba el puesto de jefe de gobierno. A pesar del carácter revolucionario del movimiento español no había duda acerca de la política colonial encaminada a mantener el dominio metropolitano.[12] Por ello, la resolución alarmó al gobierno español porque al estar rotas las relaciones con México, el gobierno juarista podía reconocer de un momento a otro la beligerancia de los cubanos y con ello brindar legitimidad al derecho de Cuba a constituirse como república. El gobierno del general Prim fue bien visto por su homólogo juarista, hecho que hacía crecer las posibilidades de restablecer las relaciones, máxime cuando ambos personajes mantenían vínculos desde 1862. Pero a un mes de la resolución para reconocer la beligerancia de los cubanos, en su discurso de apertura del último periodo de sesiones del Congreso, el propio presidente Juárez externaba nuevamente su disposi-

---

[11] Tamayo, "El Grito de Yara resonó en México", en Hart Dávalos, *México y Cuba* [n. 1], p. 174.

[12] Pi-Suñer, comp., *México y España durante la República Restaurada* [n. 2], pp. 21-24.

ción para solucionar los problemas con las potencias europeas que así lo quisieren.[13] Más claro no podía ser el mensaje para Prim.

De manera confidencial y oficial fueron dándose los acercamientos hasta que por la mediación estadounidense se aceptó la negociación. Sin embargo, eventos en España tales como el asesinato del general Prim y la agitación que despertaba la guerra colonial en Cuba, postergaron el asunto de las relaciones hasta la llegada de Amadeo de Saboya al trono español. Así, las negociaciones fueron llevadas a cabo por Ignacio Mariscal y Feliciano Herreros de Tejada en nombre de las representaciones mexicana y española respectivamente. Cada gobierno puso sus condiciones para el acuerdo. Para México era muy importante que no se discutiera el asunto de la deuda, mientras que para España era prioridad lograr por el medio que fuese la neutralidad mexicana en torno a la rebelión cubana. Estos intereses moldearon las negociaciones y ambas partes lograron sus propósitos: España, a cambio de la neutralidad mexicana en el conflicto cubano, postergaba la discusión de la deuda que se arreglaría hasta los tiempos porfiristas; mientras que el gobierno mexicano lograba salir de forma decorosa del aislamiento con Europa. Sin embargo, el arreglo de las relaciones perjudicaba los intereses de los cubanos alzados, pues aparte de la adopción de la neutralidad, el gobierno mexicano ofrecía garantías especiales al asegurarle a Herreros de Tejada que México frente a la insurrección asumiría una "estricta neutralidad" que sería aplicada conforme a las leyes internacionales y "en cuanto dependiere de la acción del gobierno". Con ello, aparte de quedar congelado el derecho del Congreso para reconocer la beligerancia, se clausuraba la orden secreta de permitir el arribo de buques con bandera insurrecta en costas mexicanas, aunque por otra parte no es claro el alcance de esta medida. En las negociaciones eran precisas las peticiones españolas:

> La neutralidad más perfecta; evitando que sus costas sirvan de puerto de reunión a los enemigos de España, sus puertos de almacenes de depósito para armamentos y equipos de expediciones y su territorio en todo o en parte para la formación de asociaciones que tengan por objeto menoscabar los derechos de España u ofender a su gloriosa bandera.[14]

Los protocolos de 1871 fueron la base para la reanudación de relaciones y se mantuvieron vigentes a pesar de los cambios políticos ocurridos en

---

[13] *Ibid.*, pp. 32-33.

[14] Segunda entrevista Ignacio Mariscal-Herreros de Tejada, México, 21 de julio de 1871, Archivo Histórico Genaro Estrada, Secretaría de Relaciones Exteriores (en adelante AHGE-SRE), L-E-1412, ff. 84-86.

México y en España, como la muerte de Benito Juárez en 1872 y la proclamación de la Primera República española en 1873. De manera particular se mantuvo en práctica la neutralidad mexicana porque la guerra de Cuba iniciada en 1868 terminaría hasta 1878, fecha en que regresaron los Borbones al poder con el rey Alfonso XII, mientras que en México han pasado dos años del golpe de Estado de Porfirio Díaz que estaría en el poder hasta 1910, si se toma el interregno presidencial del general Manuel González.

Ahora bien, los protocolos de 1871 definieron la suerte de Cuba en lo relativo a contar con el apoyo oficial de México y fueron los argumentos esgrimidos por el gobierno mexicano para detener cualquier tipo de respaldo oficial que buscaran los cubanos en armas. Así se manifestó en la respuesta que en 1873 José María Lafragua, secretario de Relaciones Exteriores en el gobierno de Lerdo de Tejada, dio a la carta de Ramón Céspedes, comisionado diplomático de la República Cubana en el exterior en la que le pedía apoyo para la guerra separatista.[15] En su respuesta Lafragua explicaba la postura mexicana frente a la cuestión cubana:

> Por desgracia no está en nuestras manos vencer los obstáculos, porque habiéndose firmado el 22 de junio de 1871 por los ministros de Relaciones de México y el plenipotenciario de España, un protocolo en el cual se obligó México a guardar la más estricta neutralidad en los negocios de la isla de Cuba, no puede el gobierno de la república reconocer como beligerantes las fuerzas que sostienen la causa de la independencia. Hacerlo sería faltar no sólo a los principios generales del derecho de gentes, sino a una palabra solemnemente empeñada y a la fe en que descansan las relaciones internacionales.[16]

La misma actitud mostró el gobierno mexicano ante las iniciativas para apoyar la guerra cubana, como fue la invitación del gobierno colombiano para colaborar en una acción conjunta, o la proclama de noviembre de 1873 emitida por el presidente Carlos Manuel de Céspedes a los países hispanoamericanos donde pedía el reconocimiento en conjunto como forma de presionar a España.[17] Finalmente, en 1878, después de diez años

---

[15] Ramón de Céspedes, comisionado diplomático de la República Cubana en el exterior, a José María Lafragua, secretario de Relaciones Exteriores de México, Nueva York, 16 de octubre de 1872, Pi-Suñer, comp., *México y España durante la República Restaurada* [n. 2], pp. 227-228.

[16] José María Lafragua a Ramón Céspedes, México, 21 de marzo de 1873, ANC, Donativos y remisiones, Caja 158, Orden 52-12.

[17] Borrador de una circular del presidente de la República en Armas a los jefes de Estado de las repúblicas latinoamericanas, proponiendo la adopción de una política

de enfrentamientos militares y la puesta en marcha de estrategias diplomáticas, la lucha por la independencia de Cuba se postergaba. El poder metropolitano consiguió imponer la paz a través de la firma del Pacto de Zanjón que concedía ciertas reformas a la colonia como la gradual abolición de la esclavitud y una mayor participación política de los cubanos en los temas de la administración colonial. La paz duró relativamente poco, porque en 1895 iniciaba una nueva guerra por la independencia de Cuba donde los antiguos separatistas unieron fuerzas con la nueva generación que anhelaba la libertad de su patria. En esta nueva guerra destacó la labor dirigente de José Martí, muerto en combate en los primeros meses de iniciada la contienda. A la par de las batallas militares, la estrategia independentista nuevamente buscó el apoyo a la causa cubana en Estados Unidos y América Latina. Sin embargo, a diferencia del respaldo otorgado en los años sesenta, para los noventa, con un nuevo escenario continental e internacional, la postura latinoamericana fue la neutralidad y, en muchos casos, el respaldo irrestricto a la Corona española; postura reafirmada al calor de la intervención norteamericana de 1898 que determinó el pase de soberanía de Cuba y Puerto Rico a Estados Unidos.[18]

La guerra de 1895 significó para México asumir otra vez posiciones frente al diferendo regional. El país atravesaba por la época de bonanza del porfiriato y era evidente la política de acercamiento del caudillo con españoles acaudalados e influyentes en el campo económico, cultural y político; lo anterior, sumado a la excelente relación diplomática entre México y España, llevó al gobierno mexicano a brindar su respaldo a la política metropolitana. Es decir, la neutralidad asumida fue decididamente pro española. Mucho se ha discutido sobre las posturas juarista y porfirista para señalar su antagonismo. De tal manera, la política de Porfirio Díaz se ha presentado como una ruptura frente al juarismo cuando en realidad es una continuidad, al menos en lo referente a Cuba. Porque, en última instancia, es Juárez quien gestiona la reanudación de relaciones con España. También se ha querido suavizar el hecho enfatizando la influencia de hombres cercanos al presidente que tenían una actitud pro española destacando el caso de Sebastián Lerdo de Tejada, quien tuvo la batuta en las negociaciones. Sin duda estos hombres proclives al acerca-

---

continental de defensa común, Carlos Manuel de Céspedes, Cuba, 22 de noviembre de 1873, ANC, Donativos y remisiones, Caja 38, Orden 34.

[18] Véase Agustín Sánchez Andrés y Salvador Morales Pérez, *Diplomacias en conflicto: Cuba y España en el horizonte latinoamericano del 98*, México, Centro de Investigación Científica Jorge L. Tamayo, 1998.

miento con España incidieron en las decisiones presidenciales, pero no hay que olvidar la activa presencia cubana, así como su importante influencia en el ejecutivo. No hay duda de que estos elementos pudieron condicionar a Juárez, sin embargo, como buen estadista basó su decisión en diversos factores, como el interés norteamericano sobre la Isla, el futuro mismo de la guerra de los cubanos y, sobre todo, el interés nacional interpretado como la urgencia por restablecer la relación con Europa para contrarrestar la influencia norteamericana. En suma estos factores se impusieron frente a sus innegables simpatías pro cubanas. Pero además, el juicio de los contemporáneos hacia la política exterior juarista fue muy benévolo; la prensa de la época, a pesar de los matices, calificó como un acierto las decisiones presidenciales del periodo.

Independientemente de estas anotaciones, las resoluciones tomadas en 1868 tuvieron gran eco y trascendencia. En la guerra de 1895 salieron a flote en distintos escenarios como el periodístico y el diplomático y se discutía su vigencia y si podían hacerse efectivas en el contexto de finales del siglo XIX. Para las voces liberales de la oposición porfirista había que ejercer el derecho del Congreso y reconocer sin cortapisas no sólo la beligerancia sino la independencia cubana.[19] En esta línea se manifestaban también los cubanos en el exilio y, de manera particular, Nicolás Domínguez Cowan, representante en México del Partido Revolucionario Cubano, quien publicó en *Patria*, órgano separatista, un artículo donde sostenía que el decreto de reconocimiento de beligerancia del 5 de abril de 1869 no estaba derogado, por lo tanto, el presidente Porfirio Díaz podía hacerlo efectivo. La duda no quedaba ahí pues alguien tan avezado en la cuestión internacional, y sobre todo en lo que a Cuba se refería, como el cónsul Andrés Clemente Vázquez, preguntaba si seguía vigente la orden secreta de Juárez para permitir la entrada de buques con bandera cubana a costas mexicanas. La respuesta de Ignacio Mariscal fue tajante: no estaba vigente la orden secreta de Juárez, y en cuanto al reconocimiento de beligerancia, el Congreso mexicano tendría que aprobarlo de nuevo. Por supuesto que Mariscal conocía la parsimonia de un legislativo totalmente encuadrado con la política de Porfirio Díaz y sabía que la medida no fructificaría. Con ello, el gobierno mexicano reafirmaba su inclinación por los intereses españoles, pero además negaba a los cubanos el pequeño beneficio de apoyo moral brindado en tiempos juaristas. La fuerza de las resoluciones tomadas a favor de Cuba en los tiempos juaristas también obedece al fomento de la solidaridad inaltera-

---

[19] *El Hijo del Ahuizote* (México), 1-XII-1895.

ble entre Cuba y México, presente en las historiografías mexicana y cubana empeñadas en la escritura y patrocinio de un discurso centrado en la simpatía ideológica entre ambos pueblos.

Juárez, el Estado mexicano y Cuba

Con los antecedentes planteados puede formularse una interpretación sobre la coyuntura en cuestión, vista ésta en relación con el propio proceso de consolidación estatal, que es la propuesta que se quiere mostrar. En este punto consideramos que se debe ser lo más claro posible, es decir, la figura y el gobierno de Juárez siempre se han mostrado como un todo armónico. Esto es, la administración juarista estaba exenta de errores, fisuras y contradicciones, lo que en muchos sentidos ha oscurecido su análisis y evaluación histórica. Con esta afirmación, de ninguna forma se pretende extremar o exagerar los términos de la discusión, pero un punto que debe afirmarse es que todo gobierno siempre ha estado y estará expuesto a los antagonismos y las contradicciones. En consecuencia, decir que la administración juarista fue la "perfección gubernamental" se sale de los cauces y de una consecuente interpretación y valoración histórica. En este orden, la discusión sobre el gobierno de Juárez estaba dada por la forma en que se pretendía mostrar la historia. En particular podemos marcar como un referente los diversos gobiernos emanados de la Revolución Mexicana, donde el "panteón cívico" debía estar lo más articulado y cohesionado posible, esto es, "tener una historia claramente delimitada, con sus héroes y villanos", porque eso le daba sentido y contenido a la lucha revolucionaria, además de reforzar el apoyo a los diferentes momentos y periodos que culminaban con la gesta suprema de la Revolución Mexicana.

En este sentido, apelar a una de las figuras centrales de la historia mexicana era una cuestión fundamental, porque Juárez se mostraba como la antítesis del pasado inmediato, es decir, la dictadura porfiriana vista como un "periodo negro y claudicante" en la construcción del Estado mexicano moderno, así como de los elementos que debían comportarla, entre otros: la libertad, la democracia y la vigencia de las leyes como lo pregonaba el Estado liberal. En este orden, Agustín Cueva afirmaba que:

> En efecto, conviene recordar que la edificación de un Estado nacional no se realiza jamás en el vacío, ni a partir de un maná que se llamaría "madurez política", sino sobre la base de una estructura económico-social históricamente dada y dentro de un contexto internacional concreto, factores que no sólo determinan las modalidades

históricas de cada entidad estatal, mas también la mayor o menor tortuosidad del camino que conduce a su constitución.[20]

Proponemos este planteamiento porque clarifica uno de los componentes medulares de tal constitución, y éste es el sustrato económico-social a la vez que su dimensión ideológica. En este orden, la construcción de esa historia se muestra como fundamental. Por ello, afirmamos que la valoración del periodo juarista debe contemplar y asumir estos elementos si deseamos tener una comprensión más acabada y completa del mismo. La formación misma del Estado mexicano pasó por una serie de vicisitudes no sólo de orden ideológico-político como de manera insistente y casi exclusiva nos han querido mostrar. Asumiendo la cita propuesta debemos decir que ese Estado fue un complejo y tormentoso alumbramiento histórico que se inicia con la caída del régimen colonial, y se continúa hasta su conformación y consolidación en el gobierno juarista, a través de su formulación jurídica, es decir, las Leyes de Reforma de 1857. Al respecto, podemos proponer el asunto de la siguiente manera siguiendo la idea propuesta: no es lo mismo construir un Estado sobre el cimiento relativamente firme del modo de producción capitalista implantado en toda la extensión del cuerpo social, que edificarlo sobre la anfractuosa topografía de estructuras precapitalistas que por su misma índole son incapaces de proporcionar el fundamento objetivo de cualquier unidad nacional...[21]

Se plantea el asunto de esta manera porque son contadas las ocasiones o las veces en que se aborda este periodo desde esta óptica. Es decir, el tratar de desentrañar sus antagonismos y contradicciones desde una perspectiva dialéctica. Si la discusión está planteada en estos términos, el asunto a dilucidar es, ¿por qué Juárez nunca le dio el apoyo a los cubanos insurrectos en su guerra de independencia, sabiendo que no tenía que pasar por la aprobación explícita del Congreso en materia exterior? Todo esto visto desde la propia conformación del Estado-nacional. Si retomamos los documentos se puede apreciar con toda claridad que había condiciones para llevar al terreno de los hechos el apoyo y la solidaridad solicitada por parte de los insurgentes. En este sentido, la propuesta que planteamos es la siguiente: Juárez no tuvo condiciones objetivas para apoyar la lucha cubana debido a que la propia situación estatal no se lo permitía o porque no quiso arriesgarse en un terreno difuso e

---

[20] Agustín Cueva, *El desarrollo del capitalismo en América Latina*, 5ª ed., México, Siglo XXI, 1981, p. 32.
[21] *Ibid.*

indefinido como la lucha emprendida por los insurgentes cubanos. Su preocupación era más bien de orden interno, y al afirmar esto estamos diciendo que la posición que guardaba el país en 1868 era todavía de una profunda y convulsa inestabilidad política, social y económica.

En este proceso de consolidación estatal, en términos objetivos, México estaba muy lejos de haber llegado al punto de ver cristalizada la asunción del capitalismo como modo de producción dominante y hegemónico, por el que habían luchado estos liberales por más de veinte años. La dinámica histórica los empuja por esa ruta, aunque en la mayoría de los casos no había claridad ni precisión sobre la forma o la manera de llegar a ello. Es decir, la historia les mostraba un camino ya hecho y lo único que quedaba era recorrerlo como lo habían hecho los países imperiales, entiéndase: los europeos. En este abigarrado y complejo marco se mueve la indefinición de Juárez en lo tocante a la insurgencia cubana. Al respecto debe decirse que no pretendemos sobreponer discusiones o planteamientos, simplemente queremos mostrar cómo esta coyuntura se inscribía en un marco mucho más amplio y complejo que el que se nos ha mostrado históricamente.

Al mismo Juárez le correspondió dirigir este proceso en que terminaron por juntarse las tareas antifeudales con las de liberación nacional, una vez que el país fue invadido por las tropas franco-imperiales. Tareas en sí mismas progresistas puesto que por un lado eliminaron las principales trabas que el antiguo orden oponía al desarrollo del capitalismo, y por otro crearon, por primera vez, un Estado nacional unificado; pero no sólo por esto, sino sobre todo porque en su dinámico curso la Reforma dibujó los perfiles de un proyecto democrático-burgués de transformación de la sociedad, ideológicamente presente desde el Plan de Sierra Gorda de 1849 hasta el proyecto de Ponciano Arriaga de 1856.[22]

A manera de conclusión

Explicar y analizar la posición del gobierno juarista frente a la guerra independentista de Cuba de 1868, conocida como la Guerra de los Diez Años, no implica negar el genuino interés que se tejió entre mexicanos y cubanos que enlazaron sus esfuerzos para apoyar la lucha libertaria y que reiteradamente alzaron la voz exigiendo al gobierno de Benito Juárez una postura más decidida en los asuntos cubanos. La pretensión es despejar el terreno y brindar una explicación menos anquilosada sobre un hecho

---

[22] *Ibid.*, p. 57.

tan mitificado por las historiografías mexicana y cubana que dejan entrever más un acto de encubrimiento mutuo y demagógico que una real actuación por ambas partes. La capacidad de analizar la postura del gobierno juarista como un entramado de muchos factores permite ver, en toda su complejidad, la afanosa construcción del Estado nacional mexicano a la vez que muestra los propósitos que en materia de política exterior buscaba la administración de Juárez, deseosa de obtener el reconocimiento internacional y, sobre todo, de afirmar la legitimidad de su gobierno. De igual manera, el estudio del tema brinda un acercamiento más lúcido y desideologizado sobre el contenido que guarda la solidaridad latinoamericana, porque en buena medida este asunto de la integración y la solidaridad muestra más bien una serie de desencuentros donde han ganado más el protagonismo, el pragmatismo y la actitud injerencista de los gobiernos imperiales, como ocurrió en el caso de la independencia cubana con respecto al gobierno de Juárez, que la voluntad política de generar proyectos comunes donde estén representados los intereses latinoamericanos. Es decir, este asunto no es nuevo en nuestra azarosa, compleja y difícil historia continental. Es aquí donde se muestra de manera imperiosa la necesidad de estudiar, comprender y visualizar nuestra historia y sus relaciones desde enfoques más amplios y críticos, porque de lo contrario seguiremos mistificando nuestras historias y sus relaciones.

Juárez y el laicismo en Latinoamérica

Por *Alberto* SALADINO GARCÍA

E L BICENTENARIO DEL NATALICIO de Benito Pablo Juárez García (1806-1872) da motivo para releer las causas explicativas de por qué se erigió en el principal paradigma de los políticos liberales latinoamericanos del siglo XIX y la vigencia de sus aportes, en particular del laicismo.

De los diversos aspectos sobre la valoración de su obra destaca el reconocimiento de haber construido los fundamentos políticos y culturales del México moderno por su combate eficaz para abolir el orden colonial —con lo que se sumó a los héroes de la Independencia— y porque llevó a la praxis, como nadie antes ni después de él, el laicismo. Como hoy se reconoce, el cultivo de tal principio vino a otorgar garantías a la convivencia libre, respetuosa y tolerante de las creencias de cada persona en la sociedad nacional.

Plena conciencia de esas contribuciones las tuvieron tanto Benito Juárez como los integrantes de su generación, lo cual se corrobora al revisar el contenido de la proclama dirigida por el gobierno constitucional a la nación el 7 de julio de 1859 donde se desgranan los argumentos que justificaron la promulgación de las Leyes de Reforma, documento que además de él suscribieron Melchor Ocampo, Manuel Ruiz y Miguel Lerdo de Tejada. Allí se clarifica:

> Para poner un término definitivo a esa guerra sangrienta y fratricida, que una parte del clero está fomentando hace tanto tiempo en la Nación, por sólo conservar los intereses y prerrogativas que heredó del sistema colonial, abusando escandalosamente de la influencia que le dan las riquezas que ha tenido en sus manos y del ejercicio de su sagrado ministerio, y despojar de una vez a esta clase de elementos que sirven de apoyo a su funesto dominio.[1]

Con lo cual queda evidenciada la preocupación por acabar con las rémoras del régimen colonial y, sobre todo, los fueros de los principales beneficiarios.

Pero lo más importante consistió en haber generado las bases para una verdadera revolución cultural cuyo eje vertebrador lo constituyó el

---

[1] Benito Juárez García, *Antología*, México, UNAM, 1993 (*Biblioteca del Estudiante Universitario*, núm. 99), pp. 82-83.

principio del laicismo, por lo que resulta pertinente señalar su concep-
tualización, los rasgos de la teoría y la práctica que le imprimió, que sin
duda deben ser concebidos como los principales aportes al laicismo desde América Latina.

La revisión epistemológica del término *laicismo* exige la pertinencia
de partir de su génesis, la cual proviene de laico, puede explicarse con
base en dos radicales: del griego *laicos*, cuyo significado es del pueblo o
profano, y del latín *laicus*, es decir, fuera del dominio clerical; por lo cual
su significado comprende referencias sobre el pueblo, lo profano, lo secular y lo civil. De modo que el laicismo se ha conceptualizado como el
principio orientado a defender la independencia individual, social o estatal de la influencia eclesiástica y religiosa, o también como la doctrina
que sustenta la libertad de las personas para practicar voluntariamente la
religión o sistema de creencia de su preferencia.

En el caso de los países latinoamericanos, fueron Benito Juárez y su
generación quienes tuvieron plena conciencia para respaldar en este principio su actuación y, en general, los asuntos públicos, al garantizar la
protección de las creencias de los mexicanos, pues les resultaba del todo
"indispensable proteger en la República, con toda su autoridad, la libertad
religiosa, por ser esto necesario para su prosperidad y engrandecimiento,
a la vez que una exigencia de la civilización actual".[2] Con lo cual llevaban a sustentar como ideas rectoras de la práctica del laicismo el progreso social y responder a las improntas del desarrollo de la humanidad.

Consecuentemente, resulta pertinente sistematizar los rasgos de una
de las principales contribuciones que deben reconocerse a Benito Juárez,
el laicismo, de exitosa batalla política y cultural y que muchos reconocen
como el principal legado de su actitud política e intelectual, al desparra-
mar su teoría y su práctica como principio fundamental de convivencia y
relación entre los individuos como entre las instituciones en el país. Por
ende, pienso que resulta factible distinguir cuatro rasgos de su praxis
respecto de los cuales sistematizó el contenido de la revolución de conciencias que emprendió.

1) Laicismo como praxis de la secularización de la vida pública.
Las primeras manifestaciones de las preocupaciones de Benito Juárez
por acabar con los fueros heredados de la vida colonial las sustentó como
parte de su puja por separar los asuntos gubernamentales de las influen-
cias clericales, por lo que el proceso de secularización, parte esencial de
las Leyes de Reforma, quedó consignado en la Ley de nacionalización

---

[2] *Ibid.*, p. 84.

de los bienes del clero secular y regular aprobada el 12 de julio de 1859, al disponer: "Artículo 3. Habrá perfecta independencia entre los negocios del Estado y los negocios puramente eclesiásticos. El gobierno se limitará a proteger con su autoridad el culto público de la religión católica, así como el de cualquier otra".[3]

De esta manera nació la codificación del principio con el que se muestra una de las principales contribuciones de Juárez al liberalismo y a la ambientación de la convivencia armónica de los mexicanos, mismo que dio origen a la génesis de la secularización mexicana, cuyo origen en el pensamiento de Juárez procede de la época en que se desempeñaba como gobernador de Oaxaca, cuando pronostica el día en que los asuntos religiosos quedarán bajo la férula del poder civil.[4]

De hecho, la praxis del laicismo como demarcación entre lo estatal y lo eclesiástico, cuya independencia de ámbitos fue respaldada en el impedimento al Estado para dictar leyes que establecieran o prohibieran religión alguna, pero con total capacidad para ejercer autoridad sobre ellas. La institucionalización de este rasgo del laicismo se concretó con la aprobación y vigencia de las Leyes de Reforma.

2) El laicismo como resultado de la praxis de la educación. Benito Juárez es el prototipo de los liberales latinoamericanos por su comprensión transformadora de la educación y así lo han reconocido estudiosos como José Ángel Pescador quien ha escrito:

> Desde mediados del siglo XIX, en particular en la Constitución de 1857, se estableció que la escuela elemental debería ser además laica. El laicismo fue uno de los pilares de los sistemas de instrucción pública modernos porque posibilitó la convivencia y la vinculación de personas que tenían convicciones distintas en un mismo espacio social. Dado que el laicismo significa prescindencia de posiciones religiosas o ideológicas, su aplicación permite crear espacios en los cuales la producción de cultura y su transmisión y aprendizaje pueden hacerse con libertad.[5]

Para respaldar este punto de vista, sólo recordemos que la lucha protagonizada entre liberales y conservadores durante los primeros cuarenta años de vida independiente se centró, en el ámbito cultural, en promover instituciones educativas que acompañaran los procesos independentistas con la formación de nuevos cuadros gobernantes como el surgimiento de

---

[3] Transcrito por Martha Celada Castillo y Ruvalcaba, *Antología de lecturas de historia de México*, México, UNAM, 1995, p. 351.

[4] Juárez García, *Antología* [n. 1], p. 60.

[5] José Ángel Pescador, "Educación pública, laica y gratuita", en Manuel Camacho Solís, coord., *Actualidad de Juárez*, México, UNAM, 2004, p. 115.

los mencionados institutos literarios o la pervivencia de instituciones orientadas a mantener el *statu quo* como la Real y Pontificia Universidad de México.

Esa pugna la resolvió brillantemente Benito Juárez al excluir la instrucción religiosa y las prácticas oficiales de cualquier culto. En consecuencia, con el conjunto de acciones que emprendió para respaldar, con incansable lucha, el laicismo desde las aulas, forjó instituciones educativas nuevas al sustituir los contenidos religiosos por los de indudable carácter científico. Con base en lo anterior es factible desglosar un tercer rasgo.

3) El laicismo como resultado de la praxis de la transmisión de los conocimientos científicos. Para acompañar la labor educativa de manera eficaz en la ambientación del laicismo, la generación de Benito Juárez concibió, como contenido principal del proceso de enseñanza-aprendizaje en las nuevas instituciones educativas, la transmisión de saberes científicos.

Para el efecto decretó —por inspiración y labor de Gabino Barreda— la Ley Orgánica de Instrucción Pública en el Distrito Federal el 2 de diciembre de 1867, donde se consignó que la instrucción primaria debe otorgar los rudimentos de física y química además de las cuatro operaciones fundamentales de aritmética sobre enteros, fracciones de decimales y comunes, sistema métrico decimal, rudimentos de historia y geografía[6] y en cuanto a lo que denomina instrucción secundaria se especifican conocimientos científicos a impartir en las instituciones de preparatoria, normal, medicina, cirugía y farmacia, agricultura y veterinaria, ingeniería, ciencias naturales, el establecimiento del observatorio astronómico, el jardín botánico y la academia nacional de ciencias y literatura.[7]

De modo que la enseñanza de temas de carácter científico fue acentuada, con demasiada pulcritud y precisión, en el Reglamento de la Ley Orgánica de Instrucción Pública en el Distrito Federal, con lo que se palpa que el laicismo se consolidó con la praxis de la educación científica promovida por el gobierno de Benito Juárez.

El otro caso paradigmático donde se observa el interés juarista de propalar el laicismo mediante la instrucción científica lo constituyó la fundación de la Escuela Preparatoria y que por inspiración de Gabino

---

[6] "Ley Orgánica de Instrucción Pública en el Distrito Federal", en Gabino Barreda, *La educación positivista en México*, México, Porrúa, 1987 (col. *Sepan cuántos*, núm. 335), p. 41.
[7] *Ibid.*, pp. 42-43.

Barreda se erigió en la principal institución impulsora del laicismo, al grado de que la Comisión de Instrucción Pública del IV Congreso de la Unión dictaminó, el 12 de marzo de 1868, lo siguiente:

> Una de las más importantes y trascendentales reformas hechas en la instrucción pública [...] es la del establecimiento de una escuela llamada Preparatoria, en la cual deben todas las personas que deseen dedicarse al estudio de cualquiera profesión, adquirir una serie de conocimientos, que a la vez que eduquen su razón y su moral, les proporcionen una masa de nociones reales y aplicables sobre todos y cada uno de los ramos que constituyen el conjunto de la ciencia positiva, verdadero fundamento de todo progreso y de todo orden.[8]

Con lo que se evidencia que el laicismo queda sustanciado mediante el cultivo de los contenidos de la educación positivista que Benito Juárez aprobó y promovió.

4) El laicismo como praxis de la racionalidad y la tolerancia. En efecto, las bases y propósitos del laicismo juarista estuvieron sustentados en el fomento de los valores de la modernidad al visualizarlos como instrumentos de progreso y útiles para erradicar la ignorancia, el fanatismo, los prejuicios y ser considerada la principal "fórmula para la convivencia social tolerante, racional y civilizada".[9]

A partir de los planteamientos de la filosofía de la Ilustración sobre la necesidad de la renovación cultural para acceder a la modernidad que se finca en la práctica y la tolerancia y en el ejercicio del pensamiento racional, Benito Juárez, por su formación liberal, buscó introducirlos como elementos distintivos de la vida pública mexicana a través de la educación y de las leyes. Por ende, el laicismo en ningún momento vino a significar coerción de las libertades de pensamiento y creencias, sino el principal amparo para su práctica. En el pensamiento y acción del Benemérito la promoción de la racionalidad y la tolerancia vienen a ser insumos esenciales para coadyuvar al fortalecimiento de la salud de la vida republicana.

En fin, la teoría y la práctica juarista del laicismo radicaron en fomentar los valores racionales como el diálogo, la libertad religiosa, el respeto a las creencias de cada persona, la tolerancia; lo hizo desde la aprobación de las Leyes de Reforma, adelantándose casi cincuenta años a la ley de separación de las Iglesias y el Estado en Francia, aprobada el 9 de diciembre de 1905, y como parte del proceso de laicización de los

---

[8] "La fundación de la Escuela Preparatoria", en *ibid.*, p. 85.

[9] José Woldenberg, "Defensa del laicismo en la vida pública", en Camacho Solís, coord., *Actualidad de Juárez* [n. 5], p. 137.

países latinoamericanos institucionalizado a partir de la segunda mitad del siglo XIX.

Así tenemos que el significado de la obra de Benito Juárez, ante la situación de confrontación ideológica y política que vivimos, se acrecienta, pues supo leer y atender las exigencias de su tiempo con respuestas visionarias, como la revolución de conciencias que provocó mediante la praxis del laicismo, principal arma con la cual enfrentó eficazmente los embates de los personeros del conservadurismo, por eso, a doscientos años de su nacimiento, su obra y conducta resultan un referente indispensable para promover salidas racionales, pero radicales, a la problemática de lucha de poder en que está sumida la República Mexicana.

Juárez, Benemérito de América

Por *José* STEINSLEGER

De 1847 a 1867 México padeció de invasiones imperialistas y pérdida de territorios, bloqueos navales y guerras civiles y el drama litúrgico que en el Cerro de las Campanas acabó con el fusilamiento del "emperador" Maximiliano de Habsburgo, consagrándose la voluntad de hacer un país de verdad.

Querétaro, 19 de junio de 1867

L IBERALISMO O CONSERVADURISMO, "Estado-nación" y laicismo, civilización o barbarie. A estas alturas de nuestra historia, cuando nuevas formas de entreguismo inducen a creer que las luchas antiimperialistas han terminado, cómo restarle trascendencia al decreto juarista del 25 de enero de 1862, que calificaba de "traidor a la patria a todo aquel que de alguna forma auxiliara a la intervención extranjera".

Entonces, los pueblos de América seguían con atención detenida las luchas de México. En mayo de 1865, el gobierno de Colombia expidió un decreto que ungió a Benito Juárez de "Benemérito" de América; Venezuela se puso a las órdenes del ejército juarista; Bolivia envió una misión extraordinaria de solidaridad; la Sociedad Unión Americana de Chile donó quinientas trece libras esterlinas para los hospitales de sangre; y en Buenos Aires se oficiaron misas en memoria de los caídos en la defensa de Puebla.

No necesariamente populares, democráticos, socialistas o revolucionarios aquellos gobiernos de nuestra América cerraron filas ante el imperialismo europeo. Indiferente a la protesta continental, un tal Nye senador de Washington, propuso solucionar "geográfica y estéticamente" (*sic*) los problemas de México anexando a Estados Unidos todo el territorio en favor de la "simetría" (*sic*, 1866). Proyecto nada original, pues desde 1812 Washington guardaba un mapa en el que sus cartógrafos incluían a Cuba ("posesión indispensable para la defensa de La Florida y el Golfo de México", afirmaba Thomas Jefferson desde 1807), Texas, Nuevo Santander, Coahuila, Nuevo México y parte de Nueva Vizcaya y Sonora. El 13 de enero de 1845, asegurando que México "ha violado los límites de Estados Unidos, ha invadido nuestro territorio y ha derramado sangre norteamericana en suelo norteamericano", el presidente James Polk estimuló la guerra que empezó en Palo Alto, California, y acabó en los bosques de Chapultepec. Por mediación del Tratado de Guadalupe Hidalgo, México perdió la mitad de su territorio (1848), y en su diario el presidente Polk apuntó: "Yo pediría más".

En *El mito de Monroe*, el historiador Carlos Pereyra (1871-1943) señaló a cuatro de las empresas que se disputaban la explotación del Istmo de Tehuantepec: Vanderbilt, Morgan, Garrison y la de Joseph White, promotor de una fantasiosa "comunidad ístmica". Dice Pereyra: "El presidente James Buchanan tenía los ojos puestos en Tehuantepec y Mazatlán para el tránsito interoceánico, y en Cuba para la expansión".

Los negocios de la modernidad fomentaron las tendencias separatistas. A inicios de 1849, el cónsul mexicano en La Habana notificó a su gobierno que en dicha ciudad agentes estadounidenses se habían embarcado rumbo a Tampico. En junio del mismo año, en Brownsville, se publicó una "declaración unánime de independencia de los siete estados septentrionales de la Sierra Madre de México".

El coronel White (quien había participado en la llamada Guerra de Castas de Yucatán), organizó en Nueva Orleáns una expedición de quinientos cuarenta hombres para ocupar Tamaulipas, y en febrero de 1852 un tal "conde" Gastón de Rousette de Boulbon desembarcó en Guaymas. En la plaza de Hermosillo el filibustero proclamó la "independencia de Sonora". Siete meses después el "conde" fue derrotado y apresado por el general Miguel Blanco, quien lo devolvió a California.

En tanto, la prensa de Estados Unidos hablaba de "guerra total" para extender la frontera imperial por toda América Central. Un pasquín norteamericano sentenciaba:

> La plata amonedada nunca será abundante en Estados Unidos si sus fronteras meridionales no incluyen los yacimientos minerales del México central, ocupados ahora por un pueblo que no conoce o no aprecia su valor [...] No está lejano el día en que la iniciativa del sur se encauzará hacia dichas regiones, que le pertenecen [...] por los bien fundados y legítimos derechos de la industria y la inteligencia.[1]

En julio de 1854, al frente de cuatrocientos mercenarios, el "conde" Gastón retomó el intento de independizar a Sonora y fue apresado y fusilado por el general José María Yáñez, comandante militar de la plaza. Pero en

---

[1] *United States Review* (Washington), 2-v-1853.

noviembre, el político esclavista William Walker desembarcó en La Paz y proclamó la "República de Baja California" y la "República de Sonora". Derrotado por el ejército mexicano, Walker regresó a California. Allí, tras ser absuelto por un jurado, una multitud jubilosa lo aclamó como "héroe". En tanto, el pirata Henry Crabb intentaba nuevamente la ocupación de Sonora mientras granjeros de Double Springs, Lousiana, acordaron "exterminar a la raza mexicana" (enero, 1858).

La diplomacia yanqui nunca dejó de apoyar las invasiones piratas. En junio de 1858 Estados Unidos exigió al gobierno de México privilegios de tránsito y comercio en puertos y líneas férreas del Istmo de Tehuantepec. Y a cambio del reconocimiento de Juárez, las misiones de Forsyth, Churchwell y Mc Lane trataron de imponer al país la entrega de Baja California con derecho de tránsito por el Istmo y otras prerrogativas.

Simultáneamente, el presidente Buchanan estudiaba la posibilidad de anexión de todo el territorio de México "país destrozado, a la deriva, bajo los impulsos de las diversas facciones". El gobernante ofreció a Juárez "una mano servicial para salvarlo" (*sic*). En ese contexto se redactó el vergonzoso Tratado Mc Lane-Ocampo, en 1859, año en que México tuvo cuatro presidentes.

El artículo 1° del tratado rezaba: "la República Mexicana cede a los Estados Unidos y sus conciudadanos y bienes, en perpetuidad, el derecho de tránsito por el Istmo de Tehuantepec, de uno a otro mar, por cualquier camino que actualmente exista o que existiese en lo sucesivo, sirviéndose de él ambas repúblicas y sus ciudadanos".

El artículo 5° decía: "si en algún tiempo se hiciese necesario emplear fuerzas militares para la seguridad y protección de las personas y los bienes que pasen por algunas de las precitadas rutas [la República Mexicana] empleará la fuerza necesaria al efecto; pero si por cualquier causa dejase de hacerlo el uso de fuerzas militares para la 'seguridad' de las personas [y con 'personas' querían decir 'gringos'], el gobierno de los Estados Unidos [...] podrá emplear tal fuerza con éste y no con otro objeto".

La joyita fue el artículo 6°: "La República de México concede a los Estados Unidos el simple tránsito de sus tropas, abastos militares y pertrechos de guerra por el Istmo de Tehuantepec".

La segunda presidencia del "Benemérito" empezó en junio de 1861. Entonces, y con el propósito de examinar su validez, México suspendió por dos años el pago de la deuda externa. La medida coincidió con el inicio de la guerra civil en Estados Unidos y con la acción conjunta de

España, Francia y Gran Bretaña que se aprovecharon del conflicto para plantearse la toma de los puertos y aduanas mexicanas, en garantía del pago de la deuda.

Un año después, el secretario de Estado William H. Seward propuso que la Unión Americana asumiese por un periodo de tres años, el pago de los intereses de la deuda mexicana a cambio del embargo preventivo de tierras públicas en Baja California, Chihuahua y Sinaloa.

Actualmente, la lógica imperial ya no usa el verbo "anexar", caído en desuso debido a la escasa rentabilidad o imposibilidad política de gobernar territorios ocupados por la fuerza. Empero lo de la "simetría" del senador Nye sigue vigente. Expresión de ello sería el llamado Acuerdo de Libre Comercio de las Américas (ALCA o NAFTA por sus siglas en inglés).

Isidro Fabela llamó a Benito Juárez "gran indio que salvó la república, porque contó con el esfuerzo unánime de los liberales mexicanos". La época y el pensamiento de Juárez pueden ser vistos como temblores de historia pasada. Pero su espíritu y su causa hacen a las tareas pendientes del porvenir.

José Martí: impresiones del legado juarista en México, 1875-1876

Por *José Antonio* BEDIA

> *El indio Benito Juárez [...] echó un imperio al mar, y supo desafiar la pobreza con honor, y reconquistó y aseguró la independencia de su tierra!* [1]

A modo de antecedentes

EN EL PRIMER CUARTO DEL SIGLO XIX se cierra el ciclo independentista mexicano, iniciado con el grito de Dolores. El país se interna, entre 1821 y 1855, en un periodo de inestabilidad política; se sucedieron cuarenta y cuatro gobiernos con predominio de las fórmulas conservadoras,[2] como evidencia el Plan de Iguala de 1821.[3] No obstante, durante aquellas décadas también hubo pronunciamientos de marcado corte liberal, como los de Valentín Gómez Farías y José María Luis Mora; que sirvieron de inspiración a los reformistas liberales del medio siglo.

Un segundo periodo de efervescencia revolucionaria se extiende entre 1855 y 1876: fueron planteadas las Leyes de Reforma y se plasma la Constitución de 1857, de la cual Martí opinaba: "La Constitución de 1857 fue más que una creación una reacción. Manchada por las manos que la vendieron a un rey extranjero, redimida está ya de sobra con la generosa

---

[1] José Martí, "Pobreza y patria", en *Obras completas*, La Habana, Editorial de Ciencias Sociales, 1975, tomo 2, p. 372.

[2] Hay que señalar que una vez consumada la independencia, aunque se entronizó el dominio conservador, ya el pensamiento liberal tenía una larga trayectoria en el país. Manuel Abad y Queipo había propuesto al gobierno español a finales del siglo XVIII una serie de fórmulas de este corte. Por otra parte, los movimientos independentistas precursores, encabezados por Hidalgo y luego por Morelos, proponían reformas sociales liberales, que en el segundo de estos casos se radicalizaron hasta la proclamación de la destrucción de los latifundios, hecho que convierte a Morelos en el primero que defendió una reforma agraria en México.

[3] Este plan en su artículo primero refrendaba la religión católica como única; en el tercero reconocía al gobierno monárquico; en el séptimo aseguraba respetar las propiedades de tiempos inmemoriales. Para mayor información consúltese *Historia de México*, México, Salvat, 1978, tomo 8, p. 1741.

sangre de sus hijos que la han traído de nuevo a los altares de la ley".[4] Se produce la llamada Guerra de Reforma y el efímero Segundo Imperio; convulso panorama que auspició el vuelco de los antiguos patrones sociopolíticos del país, y llevó a la nación a una guerra civil que se convierte en un conflicto internacional y culmina con la victoria liberal presidida por Benito Juárez, rodeado de lo más progresista del liberalismo mexicano:

> Una lucha que se había iniciado en 1810 para obtener la independencia política y que al obtenerse se había convertido en lucha interna. México había logrado su independencia política frente a España, pero no la había logrado frente al clero, al caudillaje militar, a estas fuerzas se enfrentaba el Partido Liberal, quedando triunfante al fin en 1867.[5]

A partir de esta fecha, el país se adentra en una etapa de mayor estabilidad política, donde las condiciones existentes sirvieron de acicate para afianzar el sistema político. La victoria de Juárez confirmó la vigencia de la Constitución de 1857, no obstante, encarar la situación nacional era difícil. Juárez muere en 1872, entonces asume el cargo presidencial Sebastián Lerdo de Tejada. La nueva administración intentó avanzar, pero nunca contó con el prestigio, arraigo popular y la autoridad de su antecesor. No obstante, este periodo de gobierno transcurre en "una etapa crucial; un paréntesis liberal republicano entre lo que fueron la invasión y el despojo de más de la mitad de su territorio por los EEUU; las Guerras de Reforma; el Imperio; la invasión y derrota de Francia; y el preámbulo de la reacción conservadora y el porfiriato que se avecina".[6]

Múltiples fueron las dificultades que encaró el gobierno de Lerdo de Tejada; la más obvia se aprecia en la contradicción entre los fines perseguidos y la ideología profesada: el liberalismo que limita la acción del Estado para dejar "libre" al individuo, no era realmente la filosofía más apropiada a la hora de destruir las arbitrariedades del pasado. Conceder a todos los mexicanos los mismos derechos equivalía a sancionar el estado de cosas existentes en el momento en que era necesario transformar la sociedad.

---

[4] José Martí, "'La república' de Guanajuato. Gobernador y creyente. La función del teatro nacional", en *Obras completas* [n. 1], tomo 6, p. 297.

[5] Leopoldo Zea, *El positivismo en México*, México, FCE, 1968, p. 63.

[6] José Urrutia, "Una visión mexicana: vigencia del pensamiento de José Martí", en *Anuario del Centro de Estudios Martianos* (La Habana, Centro de Estudios Martianos), núm. 10 (1987), p. 225.

Variados obstáculos se opusieron al proyecto liberal juarista: la indiferencia de la ciudadanía, la ambición política de la casta militar y el espíritu belicoso que a escala social se había enraizado con los años de luchas. Por otra parte, el progreso se hacía imposible de sustentar por el déficit de la fuerza de trabajo calificada, la población sin instrucción, un clima poco favorable para la inmigración y falta de atracción de capitales extranjeros. No obstante, el modelo teórico era lo suficientemente interesante para que los ideólogos mexicanos intentaran su adopción.

Aún con este afán por derrotero, la política de Lerdo de Tejada revelaba la inestabilidad del momento; su gobierno se había propuesto la libertad como objetivo; pero ello, tan amplio como ambiguo, era difícil de lograr. Durante su mandato se llegó a promulgar una nueva constitución que refrendaba las Leyes de Reforma. De todas maneras, algunos de los propios implicados en el proyecto se cuestionaban su alcance, ejemplo de ello es la preocupación de José Ignacio Ramírez:

> La igualdad es ilusoria puesto que se limita a proteger a todos por igual sancionando una desgracia de hecho: el Estado no se propone igualar a los débiles y fuertes, sino garantizar el goce de los bienes que el hombre ha conquistado. Si la libertad no ha de ser una abstracción, es menester que el código fundamental proteja los derechos de todos los ciudadanos teniendo en cuenta sus diferencias.[7]

El arribo del exiliado

En este México de contrastes desarrolló parte de su obra José Martí, la ciudad, de unos doscientos mil habitantes por entonces, es campo fértil para un hombre con sus ideas. Luego de la caída de Maximiliano existía un afán de transformación y renovación. El país liberado bullía en ideales, por demás, la preocupación sobre la independencia cubana llevaba un buen lapso en el país, pues ya desde 1825 se había formado la Junta Protectora de la Libertad Cubana y cincuenta años más tarde, cuando Martí entabla un debate político con periódicos pro españoles en la *Revista Universal*, se escribe:

> La cuestión de Cuba es cuestión americana que cuenta con todas las simpatías de todos los hijos del continente y que debe ser sostenida con la pluma y con la palabra y con el esfuerzo de todos los americanos. La cuestión de Cuba es para la *Revista Universal* [por tanto para México], cuestión de derecho, y como tal habrá de soste-

---

[7] Citado por Jacqueline Covo, *Las ideas de la Reforma en México*, México, s.e., 1983, p. 110.

nerla con todos sus esfuerzos, habrá de consagrarle todos sus bríos, habrá de darle los mismos esfuerzos que daría a la causa de la patria mexicana oprimida.[8]

Éste fue el universo ideopolítico que recibió a Martí en 1875, el inicio de su conformación americanista, la nueva experiencia que le permite ir ampliando su conocimiento de los problemas regionales. Devela nuestra historia el sufrimiento de las masas, el panorama político social de la nueva república; en fin, la cruda realidad postindependencia. El joven había realizado estudios universitarios en España, tenía un espíritu abierto a la reflexión política, social y económica.

En México se mantenían fuertes todavía las ideas de la Reforma, mientras que el Benemérito iba convirtiéndose en leyenda y en parte de la tradición a la que dirigían sus esperanzas diferentes sectores sociales. Entre sus amistades y los círculos de relaciones que frecuentó predominaba el pensamiento liberal; ello debió repercutir en él. No obstante, en sus múltiples escritos periodísticos, aunque comparte los presupuestos teóricos del gobierno se permite un cuestionamiento, ser un liberal americano:

> Una es la libertad y distintas las maneras de conseguir su afianzamiento. En Europa la libertad es una rebelión del espíritu: en América, la libertad es una vigorosa brotación. Con ser hombres, traemos a la vida el principio de la libertad; y con ser inteligentes, tenemos el deber de realizarla. Se es liberal por ser hombre; pero se ha de estudiar, de adivinar, de prevenir, de crear mucho en el arte de la aplicación, para ser liberal americano.[9]

Desde la prensa trabajó Martí para redimir al hombre de América, espera que se le escuche en los más remotos confines del país. En este ambiente, imbuido por ideales de libertad e independencia se sintió a tono con la vida social mexicana. Gracias a la influencia de su amigo Manuel Mercado pudo ingresar a la redacción de la *Revista Universal*. Desde esta tribuna se identificó con aquellos mexicanos que criticaban la adopción de "modelos" foráneos, y señala: "No se adapta, se innova: la medianía copia; la originalidad se atreve. No se aspire a una forma nueva: sean nuevas las aspiraciones y los motivos".[10]

Como periodista de la *Revista Universal*, donde laboró desde marzo de 1875 hasta la clausura del órgano en noviembre de 1876, dio la medi-

[8] Consejo de redacción, *Revista Universal* (29 de mayo de 1875), micropelícula perteneciente a la Biblioteca del Centro de Estudios Martianos.
[9] José Martí, "La democracia práctica, libro del publicista americano Luis Varela", en *Obras completas* [n. 1], tomo 7, p. 349.
[10] José Martí, "Los Maurel", en *Obras completas* [n. 1], tomo 6, p. 449.

da de su pluma y al decir del *Anuario Mexicano* de 1876 era: "infatigable para escribir. Nosotros le hemos visto en una redacción, escribir el editorial, el boletín, las variedades y la gacetilla de un periódico en un solo día".[11] Su obra periodística le permitió expresar pensamientos e inquietudes sumándose a la tarea libertadora en que se habían enfrascado los intelectuales del país, creando una nueva literatura y un nuevo teatro; en fin, un arte capaz de sustentar el proyecto nacional. La educación se convirtió en un anhelo inserto en el esquema global de renovación cultural. Martí se siente motivado y acota: "Cuando todos los hombres sepan leer, todos los hombres sabrán votar, y, como la ignorancia es la garantía de los extravíos políticos, la conciencia propia y el orgullo de la independencia garantizan el buen ejercicio de la libertad. Un indio que sabe leer puede ser Benito Juárez",[12] así, el Benemérito le ofrece el más alto ejemplo de dignificación para la América mestiza.

Con la instrucción se pretendía que todos pudieran ocupar un puesto digno dentro de la sociedad, Martí, influido por esta aspiración, puntualiza: "La educación tiene en estas tierras un trabajo mayor: es la educación el estudio que el hombre pone en guiar sus fuerzas; tanto más trabajosa será su obra, cuanto sean potentes y rebeldes las fuerzas que quiere conducir y encaminar".[13]

El proyecto mexicano aspiraba también a desarrollar la economía, el comercio, a ilustrar al indio y a insertarse en las sendas del progreso de su época. Con la implementación de las Leyes de Reforma se consolidó el Estado nacional que aniquiló el excesivo poderío feudal de la Iglesia católica y privó al ejército de sus fueros. Se pretendió el progreso social y el desarrollo económico, traduciendo el interés individual en la prosperidad y el derecho. Promover el ferrocarril, atraer los capitales extranjeros, conseguir la supresión del sistema de alcabalas, introducir nuevos cultivos y técnicas industriales, fueron sus objetivos. Sin embargo, tanto Juárez como Lerdo de Tejada no pudieron realizar cabalmente este proyecto.

Martí se vio identificado con las ideas del progreso enarboladas por Juárez y Lerdo de Tejada, sintiéndose motivado a opinar, como ejemplifican sus postulados sobre la economía, en los que centra su defensa

---

[11] Alfonso Herrera, *Martí en México*, México, s.e., 1969, p. 31.

[12] José Martí, "El proyecto de instrucción pública. Los artículos de fe. La enseñanza obligatoria", en *Obras completas*, edición crítica, La Habana, Centro de Estudios Martianos, 1975, tomo 2, pp. 216-217.

[13] José Martí, "Rumores falsos. Intereses de los conservadores. Movimiento de Chiapas. El general Díaz. El opúsculo del Sr. Bárcena. Ciencia prehistórica", en *Obras completas* [n. 1], tomo 6, p. 254.

de nuestra identidad: "La economía ordena la franquicia; pero cada país crea su especial economía. Esta ciencia no es más que el conjunto de soluciones a distintos conflictos entre el trabajo y la riqueza: no tiene leyes inmortales. A propia historia, soluciones propias. A vida nuestra, leyes nuestras".[14] Su visión humanista hace que al atender cualquier particular, bien fuera económico, educacional, científico o cultural, exhiba su sentido de equidad; ello es una condición primaria para su existencia como hombre, de ahí que enfatice: "No es buen sistema el que, porque atiende al bien de muchos, se cree dispensado de atender al mal de pocos. Es verdad que aquél es preferible a éste pero es verdad también que debe procurarse la situación igualmente benéfica, igualmente previsora para todos".[15]

Este entorno, sin lugar a dudas, le sirvió para un singular crecimiento, de su acervo político. Era un mundo donde los intelectuales que acompañaron la estrategia de Juárez y Lerdo de Tejada defendían la libertad como objetivo y fin del gobierno popular, retomaban lo mejor de la tradición liberal que, en esta época, sincronizaba con el pensamiento de Martí, quien compartía los criterios de José Eusebio Caro: "La libertad consiste en que todo, entiéndanlo bien, todo sea libre, todo menos la intolerancia y la violencia. El pensamiento debe ser absolutamente libre".[16] Pues según Martí: "La libertad es la atmósfera, y el trabajo es la sangre. La política ha servido para afianzar la libertad: sirva el trabajo para robustecer y enaltecer la patria".[17]

La congestionada dinámica nacional le permitió apreciar como aquel gobierno estaba siendo combatido por distintos grupos descontentos con la situación socioeconómica y política imperante. Su gestión se veía atacada por los antiguos terratenientes y por la Iglesia católica, quienes querían reconquistar sus propiedades; por los obreros que reclamaban sus derechos ante los patrones y por una amplia gama de productores y pequeños propietarios que no encontraban satisfacción a sus aspiraciones. Ciertamente el panorama era bien complejo pues Lerdo de Tejada no encontraba solución a la injusticia social y al estancamiento económico existente.

---

[14] José Martí, "Graves cuestiones. Indiferencia culpable. Agricultura, industria, comercio y minería. Economía propia", en *ibid.*, pp. 311-312.

[15] José Martí, "La polémica económica. A conflictos propios, soluciones propias.- La cuestión de los rebozos. Cuestiones que encierra", en *ibid.*, p. 336.

[16] Citado por Covo, *Las ideas de la Reforma en México* [n. 7], p. 557.

[17] José Martí, "México, antaño y hogaño. Libertad para el fundamento; trabajo para la conservación. Juventud activa. Algunos jóvenes", en *Obras completas* [n. 1], tomo 6, p. 338.

La prensa de aquellos momentos hacía hincapié en la reivindicación de la libertad y sus manifestaciones dentro de la sociedad. El cubano, que se afilió a los lerdistas, comprendía que la administración, en la cual se habían fijado demasiadas esperanzas si se tomaban en cuenta las reales condiciones del país, tuviese amigos y enemigos. Entendía Martí que los primeros la auxiliasen en el buen ejercicio de sus funciones, pero no concebía que los opositores hicieran ataques de odio irracional contra "los hombres en cuya buena fe, previsión sensata y pericia política se cree".[18]

El proyecto político mexicano podía ser mejorado, transformado, cambiado por otro, pero en esta empresa se debían de emitir, de propagar, las ideas de cambio o regeneración, consultar la opinión popular y vislumbrar el futuro:

> Cuando se ataca un sistema de gobierno, se opone otro enfrente suyo. Cuando el acto de una administración es malo, no ha de corregirse con injuriar al que es responsable de él, sino con señalar sus defectos, y enseñar la manera con que el que lo censura lo corregiría. Así el país no se expondría a una prueba enojosa de los que aspiran a su mando.[19]

El primero de enero de 1876, en Ojitlán distrito de Tuxtepec, se proclamaba un plan que pasó a la historia como el Plan de Tuxtepec, firmado por el jefe de la guarnición de esta localidad, junto con un grupo de militares, que se proponían el derrocamiento gubernamental. La sublevación tenía el propósito de llevar a Porfirio Díaz a la presidencia, apoyado por los terratenientes, el clero y el capital extranjero; además contaba con arraigo popular y era llamado el "héroe de la paz", según sus opositores "sepulcral". Durante ese año el movimiento insurgente fue cobrando fuerza, por su parte, Martí se mantiene siempre al lado del gobierno: "El gobierno es el decoro de la patria, y la patria no debe tener enemigos en sus propios hijos".[20] Critica al plan que no fundamentaba principios sociales, ni reformaba los existentes: "La revolución que asoma está fomentada, pagada y azuzada por los enemigos constantes de la paz, la organización liberal y la honra del país".[21]

---

[18] José Martí, "Elecciones. Fuerza federal. El Colegio de San Gregorio. El Colegio de Abogados. La alameda y la lluvia. La bandera de catedral", en *ibid.*, p. 259.

[19] José Martí, "Oposición actual. La palabra, la Cámara y la prensa. No usó los caminos de que disponía. Prensa oposicionista", en *ibid.*, p. 242.

[20] José Martí, "Oposición informe. Su conducta errada. El discurso del Sr. Gómez del Palacio. Consejo, no oposición", en *ibid.*, p. 214.

[21] *Ibid.*, p. 213.

La situación política se agudiza, en noviembre las tropas de Porfirio Díaz derrotan a las gubernamentales en la batalla de Teocac, un mes más tarde Porfirio Díaz entra en la Ciudad de México y decreta el cese en ejercicio de todos los funcionarios y empleados de la administración de Lerdo de Tejada. Díaz asume la presidencia "provisional", designa su gabinete y se nombra jefe del Poder Ejecutivo. Una nueva etapa se abría para el país, Martí, que había dejado esclarecida su postura, señala: "Una revolución es necesaria todavía: ¡la que no haga presidente a su caudillo, la revolución contra todas las revoluciones: el levantamiento de todos los hombres pacíficos, una vez soldados, para que ni ellos ni nadie vuelvan a verlo jamás!".[22] Ya no encuentra el clima propicio de antes; para él la reacción porfirista traicionaba las ideas de la Reforma y el legado juarista, con los cuales se había identificado en todo momento.

La partida

Cuando Martí opinaba sobre las funciones de un gobernante, su postura se distanciaba enormemente de la adoptada por Díaz, que había tomado posesión por la fuerza ejerciendo una total violación de los principios electorales; de ahí las duras críticas martianas. Democracia verdaderamente objetivada hacia la satisfacción de las necesidades materiales y espirituales del pueblo, donde todos gocen de los privilegios de la civilización moderna gracias a la educación y al trabajo, era su modelo.

Si el momento en que Martí llegó a México fue de cambios importantes y de exaltación de los derechos ciudadanos, ahora el país abría paso a una dictadura que se extendió por largos años. Díaz representaba a la emergente burguesía interesada en ampliar sus relaciones con el mercado externo, fundamentalmente Estados Unidos.

La nueva administración se enfrasca en la tarea de mantener el "orden y progreso" a costa del sacrificio de la libertad de los mexicanos. El orden ahora postulado no era un servicio de bienestar a los ciudadanos, lo era sólo de unos cuantos. Por su parte, el progreso, que debía estar ligado a todos, ya sólo respondía a una cúpula. Díaz se interesaba sobre todo en perpetuar un *orden* que le permitiera ampliar su poderío dejando a un lado el mantenimiento de la libertad, como garantía y pilar de la democracia, según lo trazado por los patrones juaristas, a los cuales el cubano se había afiliado desde su llegada al país.

---

[22] José Martí, "Alea jacta est", en *ibid.*, p. 360.

Entre los años 1875 y 1876, el sistema político más acorde con las ideas de Martí era aquel que encabezaban los herederos de la Reforma. Avaló la Constitución refrendada por el poder ejecutivo en 1873; de ahí que, según su opinión, el presidente del país no es más que "un empleado de la nación, a quien la nación elige por sus méritos para que sea en la jefatura mandatario y órgano suyo".[23] Por eso defendió el gobierno de Lerdo de Tejada desde las páginas de la *Revista Universal* y luego desde *El Federalista*. Siempre se mantuvo firme en su lucha contra los que intentaban tronchar la tradición constitucional, lograda finalmente luego de tantos años. Por ello sus artículos se van tornando cada día más críticos y después, extranjero al fin, no le queda más que hacer en México.

> La indignación, fuerza potente. Se levanta un hombre sobre la gran voluntad múltiple de todos los hombres, mi voluntad ingobernable se ve gobernada por una altanera voluntad, mi espíritu libérrimo siente contenido todos sus derechos de libre movimiento y pensamiento cuando yo veo la tierra americana con su pensamiento flagelado y vejado, cuando las voluntades son burladas la conciencia, voz alta, se sacude y sube a mis mejillas ardorosas la vergüenza de todos los demás.[24]

La "marcha hacia la libertad", entendida como el progreso, era trocada por el "orden para la libertad" esgrimido por el nuevo gobierno. Se producía una lucha que involucraba libertad y despotismo. Acontecimiento que le sirvió para sustentar el profundo sentido anticaudillista, que siempre manifiesta el cubano. Martí se identificó con el México de Juárez y de Lerdo de Tejada, se enfrascó en la campaña por la regeneración del indio, e intentando fortificar los preceptos constitucionales llegó a él ese núcleo temático de ideas continentales que recorrían la región en el último cuarto del siglo XIX.

En México, pudo conocer la realidad de una nación americana luego de la independencia y aún vislumbra su desenvolvimiento dentro de los cánones liberales, que luego del triunfo republicano sobre el invasor extranjero se habían justipreciado. Confía en su continente, en las posibilidades y autenticidad que emergen dentro de una mezcla policroma de modelos importados:

> El sueño comienza a cumplirse. América, gigante fiero, cubierto con harapos de todas las banderas que con los gérmenes de sus colores han intoxicado su sangre, va

---

[23] José Martí, "El Congreso erigido en jurado. La acusación del presidente. La conducta de la comisión. Apertura de las clases orales en el Colegio de Abogados. White en México. Concierto del domingo", en *ibid.*, p. 206.
[24] Martí, *Obras completas* [n. 12], p. 292.

arrancándose sus vestiduras, va desligándose de estos residuos inamalgamables [...] va redimiéndose de su confusión y del servilismo de las doctrinas importadas [...] y ora vacilante, firme luego [...] camina hacia sí misma [...] y contando sus heridas, calcula sobre ellas la manera de ejercitar la libertad.[25]

No concuerdan sus ideales con los del grupo intelectual denominado los Científicos, quienes intentaban explicar la insolvencia de la Constitución del 57 por estar redactada por hombres de raza latina. La realidad era otra; aquellos críticos tenían determinados intereses que, como grupo social, los alineaban más a los cánones del Norte; uno de ellos, Telésforo García, explicaba al respecto: "los mexicanos deben tomar el modelo positivo y práctico de la raza sajona".[26]

Martí se vio atraído por una variante popular y democrática del liberalismo que tomaba a Juárez como su paradigma y bajo el gobierno de Lerdo de Tejada ve estos postulados como horizonte. No obstante, en aquella experiencia primaria, le fue posible observar que distaban mucho de haberse conseguido los ideales postulados en 1857 por lo que señala:

Es verdad no deben abandonarse en México la vida y la lucha políticas, hasta tanto no estén definitivamente e incontestablemente asentados los principios liberales [...] Hemos hecho muchas revoluciones de principios; pero todas éstas serán infructíferas mientras no hagamos una revolución de esencia. Se está consumando el ideal político; pero necesitamos para realizarlo de la unidad social [...] una nación libre necesita estar formada por un pueblo de hombres.[27]

José Martí se identificó, durante su primer paso por México, con la corriente que constituía la manifestación política más avanzada en Latinoamérica. Articulando ideas económicas sobre el progreso material y las inversiones extranjeras, preocupado por la riqueza ilimitada que ostentaban algunos sectores de la sociedad y por la promulgación de un cambio en la tenencia de la tierra, brindando su apoyo a la defensa de la pequeña propiedad, la industrialización y el comercio, se agrupó a los defensores del legado juarista. Sintiéndose atraído por aquella vertiente de pensamiento que tomaba como horizonte la dignidad del hombre, su doctrina podría resumirse, hasta 1876, en dos palabras: tierra e instrucción.[28] Co-

---

[25] José Martí, "La democracia práctica, libro del publicista americano Luis Varela", en *Obras completas* [n. 1], tomo 7, p. 348.

[26] Citado por Noël Salomón, "José Martí y la toma de conciencia latinoamericana", *Anuario Martiano* (La Habana, Centro de Estudios Martianos), núm. 4 (1972), p. 13.

[27] José Martí, "La civilización de los indígenas", en *Obras completas* [n. 12], p. 254.

[28] *Cf.* José Antonio Portuondo, *Martí, escritor revolucionario*, La Habana, Editora Política, 1982, p. 211.

incidió en diversos puntos con el liberalismo que intentó socializarse. El Apóstol tenía ante sí el dilema colonial cubano, debe pertrecharse de lo más avanzado de su época y a la par sostener un discurso independentista que articulara economía, progreso, identidad, posesión de la tierra, educación, cuestiones raciales, justicia social, solidaridad y equidad. En el México que le recibió, era el liberalismo la ideología más capaz de adoptar una geocultura visible legitimada tanto entre las élites como en la mayoría de la población.

La plataforma social de Juárez y Lerdo de Tejada contemplaba identidad, cuestión racial, justicia social, progreso moral, educación, solidaridad humana y equidad. Con ello coincidía ideológicamente Martí; sobre estos tópicos hizo planteamientos desde su labor de periodista, por lo que, tras la irrupción armada de Porfirio Díaz, se pone fin a un capítulo en su largo periplo. Centroamérica se le abre como nuevo destino de esperanza: "Parece que Guatemala me tiende los brazos. Las cátedras son fáciles y las privadas abundan. Parece que comienza [en Guatemala] una era digna y varonil".[29]

Juárez en la obra de Martí

EN los años 1875 y 1876 Martí cala en la realidad mexicana; concuerda con los cánones liberales juaristas, pero aun así establece una crítica a sus realizaciones prácticas, abogando por una mayor y más real extensión de las mismas. Se dio en él una asunción muy original de este pensamiento: no citó, no adaptó, no se postuló devoto; asimiló la realidad de su entorno; donde el liberalismo era la escuela ideológica y ética del momento. No se propuso crear una filosofía sino fundar una nación basada en nuestra propia historia y realidad. Para crear su república, original y propia, se sirvió de toda esta experiencia que llevó como referencia.

Narrador involucrado con los problemas de su tiempo, no se limitó a una mera descripción de los acontecimientos de los que fue testigo. Su postura le posibilita un crecimiento en sus concepciones sociales; esta experiencia le enriqueció su visión política continental. Siempre latió en él una profunda veneración por Juárez, y, como años antes el Benemérito, se radicó en Estados Unidos, preocupado ante la expansión estadounidense cuando se imponía la pujanza del Norte, que algunos veneraban como paradigma en "aquel invierno de angustia". En su discurso ante los

---

[29] José Martí, "A Manuel Mercado", en *Epistolario*, La Habana, Editorial de Ciencias Sociales, 1993, tomo 1, pp. 61-62.

delegados a la Conferencia Internacional Americana Martí puntualiza: "Por grande que esta tierra sea, y por ungida que esté para los hombres libres la América en que nació Lincoln, para nosotros, en el secreto de nuestro pecho, sin que nadie ose tachárnoslo ni nos lo pueda tener a mal, es más grande, porque es la nuestra y porque ha sido más infeliz, la América en que nació Juárez".[30] Una vez más el autóctono poblador de nuestras tierras, encarnado en la figura del Benemérito, es su pauta.

Martí laboró sin descanso por la independencia de Cuba y la defensa de nuestra América, en esta empresa nuevamente el ejemplo del Benemérito le ilumina: "Juárez, ese nombre resplandece, porque el gran indio que lo llevó era de acero. Otros hombres famosos, todos palabra y hoja, se evaporan. Quedan los hombres de acto; y sobre todo los de acto de amor. El acto es la dignidad de la grandeza".[31] Cumplió a cabalidad el Apóstol con ese legado al dar su vida en los campos de Cuba, pero su ofrenda trascendió su tierra natal, pues "patria es humanidad".

---

[30] José Martí, "Discurso pronunciado en la velada artístico-literaria de la Sociedad Literaria Hispanoamericana", el 19 de diciembre de 1889, a la que asistieron los delegados a la Conferencia Internacional Americana, en *Obras completas* [n. 1], tomo 6, p. 134.

[31] José Martí, "Juárez", en *ibid.*, tomo 7, p. 327.

DIRECTORIO DE COLABORADORES

José Antonio Bedia
Investigador del Centro de Estudios Martianos, La Habana, Cuba.

Margarita Espinosa Blas
Doctoranda en Estudios Latinoamericanos, Universidad Nacional Autónoma de México; e-mail: <margaritaespinosablas@hotmail.com>.

Patricia Galeana
Historiadora; profesora de la Facultad de Filosofía y Letras de la Universidad Nacional Autónoma de México; e-mail: <p_galeana@yahoo.com>.

René González Barrios
Historiador militar: teniente coronel de las Fuerzas Armadas Revolucionarias, La Habana, Cuba; e-mail: <fabiola@enet.cu>.

Sergio Guerra Vilaboy
Director del Departamento de Historia de la Universidad de La Habana; secretario ejecutivo de la Asociación de Historiadores Latinoamericanos y del Caribe; e-mail: <serguev@ffh.uh.cu>.

Armando Hart Dávalos
Director del Programa Martiano de la República de Cuba y miembro de su Consejo de Estado, La Habana, Cuba.

José Herrera Peña
Profesor de la Universidad Michoacana de San Nicolás de Hidalgo, Morelia, México; e-mail: <joseherrera0001@prodigy.net.mx>.

Pablo A. Maríñez
Embajador de República Dominicana en México; e-mail: <pama@servidor.unam.m>.

Salvador E. Morales Pérez
Profesor de la Universidad Michoacana de San Nicolás de Hidalgo, Morelia, México; e-mail: <salvadormp39@yahoo.com>.

Alberto Saladino García
Profesor de la Universidad Autónoma del Estado de México; e-mail: <asaladi@uaemex.mx>.

Adalberto Santana
Investigador del Centro Coordinador y Difusor de Estudios Latinoamericanos de la Universidad Nacional Autónoma de México; e-mail:
<asantana@servidor.unam.mx>.

José Steinsleger
Articulista del diario *La Jornada*, Ciudad de México.

Jorge Turner
Profesor del Centro de Estudios Latinoamericanos de la Facultad de
Ciencias Políticas y Sociales de la Universidad ·Nacional Autónoma
de México; e-mail: <turnerman@laneta.apc.org>.

Oscar Wingartz Plata
Profesor-investigador de la Facultad de Filosofía, Universidad Autónoma de Querétaro, México; e-mail: <oscarwgz_2000@yahoo.com>.

Benito Juárez en América Latina y el Caribe, editado por la revista *Cuadernos Americanos* del Centro Coordinador y Difusor de Estudios Latinoamericanos de la UNAM, se terminó de imprimir en diciembre del 2006 en Grupo Loera Chávez, Compuformas PAF, S.A. de C.V. Av. Coyoacán 1031, 03100 México, D.F. Se tiraron 1000 ejemplares en papel Cultural de 75 gramos. La formación tipográfica estuvo a cargo de Carlos Alberto Martínez López. La edición estuvo al cuidado de Liliana Jiménez Ramírez y Norma Villagómez Rosas.